MONSIEUR LEBON

Paris, publicité, rue Cassette, 17. — Mirecourt, typ. Humbert.

MONSIEUR LEBON

(ANCIEN BERGER DU VAL D'ABOL)

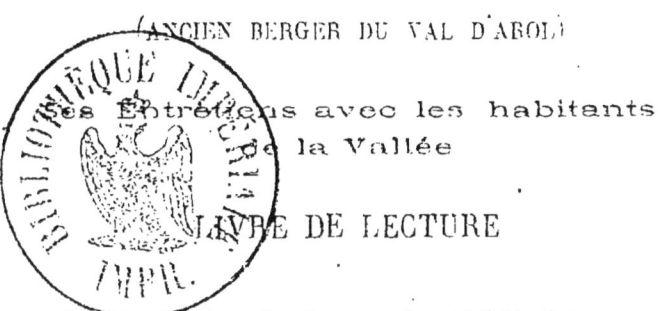

Ses Entretiens avec les habitants
de la Vallée

LIVRE DE LECTURE

A l'usage des Ecoles et des Bibliothèques

PAR D. HUMBERT,

Membre de la Société d'Emulation des Vosges, de la
Société protectrice des animaux, etc., etc.

―――◇◆◇―――

MIRECOURT
HUMBERT, IMPRIMEUR-LIBRAIRE-EDITEUR

MAISON A PARIS, RUE CASSETTE, 17

1870

MONSIEUR LEBON

I

Le Berger du Val-d'Arol

Dans le département des Vosges, à peu de distance de Mirecourt, le ruisseau d'Arol, tranquille dans les jours calmes, et torrentueux pendant les orages, arrose de ses eaux limpides la vallée la plus pittoresque, la plus riche du pays, à laquelle il a donné son nom.

Des villages nombreux, groupés çà et là, sur la pente douce des collines, font de cette contrée un des sites les plus charmants de la plaine.

Ce ruisseau prend sa source au mont d'Arol qui domine le joli village de Girovillers, parcourt 15 kilomètres, et après avoir répandu une douce et salutaire fraîcheur dans les prairies, et donné la vie à plusieurs usines, termine son cours en se jetant lentement, et comme à regret, dans la rivière boueuse du Madon, en face d'un riche coteau de vigne, en amont de Poussay, joli village flanqué sur une hauteur dominant le pays, et dont le nom est acquis à l'histoire, à cause de sa célèbre abbaye.

C'est dans cette belle et riche vallée, au village d'Offroicourt, que naquit Jean Lebon, le 18 septembre 1779.

Au sortir de l'école, où il avait fait de rapides progrès qui lui avaient valu le surnom de *Jean le Savant*, le petit Jean était âgé de 12 ans.

Après avoir donné toutes les satisfactions possibles à M. Mathieu, instituteur de la commune, Jean Lebon fut placé chez un riche cultivateur, M. Daniel, propriétaire d'une ferme située sur le territoire d'Offroicourt.

Les parents de Jean, quoique pauvres, étaient les personnes les plus recommandables du pays : son père était un ancien marin, et sa mère, avant son mariage, avait été au service de la noble dame marquise d'Osmon, chanoinesse de Poussay.

Jean, en entrant chez M. Daniel, reçut le titre de berger, et la garde d'un nombreux troupeau lui fut confiée.

Pendant un an, il contenta si bien ses maître et maîtresse, que ceux-ci voulurent récompenser son zèle en lui donnant une mission plus digne de son zèle et de ses capacités bien reconnues.

II
Le Régisseur de la ferme

M. Daniel appelle un jour son berger et lui dit :
— Jean, voilà un an que tu es à la maison, ta conduite a toujours été bonne, je veux t'attacher plus étroitement à mon service. Tu vas quitter le troupeau, tu donneras ta houlette à Nicolas, ce jeune orphelin que tu m'as recommandé, et, dès aujourd'hui, je te confie l'administration de la ferme, l'exploitation en général, et, en particulier, la surveillance de tout le bétail, sur lequel j'appelle surtout ton attention et tes bons soins.

Jean, voyant dans cette proposition un moyen de pouvoir se rendre plus utile encore, et devinant la pensée de son maître à laquelle il désirait s'associer, en prenant pour base d'exploitation l'ordre, la propreté, l'étude, les bonnes et les nouvelles méthodes, le progrès et le travail, accepta, et, dès ce jour même, il entra en fonctions.

D'abord il commença par faire vider les étables, les écuries, la bergerie, la porcherie ; il ouvrit des jours qui amenèrent des courants d'air utiles à la santé des animaux ; il fit gratter les murs, il les fit ensuite enduire d'un ciment solide, les fit blanchir à la chaux vive ; il fit établir des rigoles pour conduire le purin dans une fosse située au-dessus de la prairie ; en un mot, en huit jours, tout avait changé de face, une amélioration immense venait de s'opérer.

Des hangars s'élevèrent pour mettre à l'abri les instruments agricoles, les voitures, les bois de chauffage et de service. Les eaux furent amenées par des canaux au centre de la vaste cour, une belle fontaine en granit fut placée entre deux auges immenses qu'elle alimenta pour le service du bétail et celui de la maison.

M. Daniel laissait agir Jean ; il approuvait tous ses plans, il acceptait tout ce que son jeune et intelligent régisseur lui proposait.

Les chevaux, de Rossinantes qu'ils étaient, devinrent fringants ; les bœufs, bien nourris et attelés par le poitrail, devinrent gras et forts, et bientôt l'on vit dans les champs, attelés à chaque charrue, deux bœufs seulement, tandis qu'autrefois il en avait toujours fallu quatre. Les vaches, mieux soignées et nourries avec discernement, donnèrent le double de lait ; enfin, toutes les races de la ferme furent d'une si belle venue, qu'en moins d'un an, une bonne comptabilité établie par Jean vint apprendre à M. Daniel que les revenus annuels de sa ferme étaient augmentés de 2,500 francs.

M. Daniel avait une petite fille de 11 ans, son unique enfant. Il se surprit un jour à réfléchir s'il ne la donnerait pas pour femme à son régisseur, quand l'âge serait venu. Il trouvait du plaisir à caresser dans son esprit cette idée qui lui réjouissait le cœur. Il en avait parlé à Mme Daniel, qui avait vu dans ce projet un avenir de bonheur et de prospérité pour tous.

III

L'ami des animaux

Tout, dans la ferme, bêtes et gens était heureux. Jean Lebon avait un si grand soin des animaux, que ceux-ci le reconnaissaient au pas, à la voix. On remarquait même que, lorsque le nom de Jean était prononcé au centre de la ferme, une émotion vive se manifestait bruyamment et joyeusement de toute part, parmi tout le bétail.

Jean entrait-il dans la cour, les oies le saluaient en balançant la tête ; les poules se rangeaient en bataille, coqs en tête, pour saluer leur maître ; les pigeons, en roucoulant, s'abattaient de la tourelle et venaient effleurer de leurs ailes les oreilles de leur ami ; les chevaux piaffaient, hennissaient ; les bœufs, les vaches beuglaient, les taureaux mugissaient et

tous se frappaient les flancs avec la queue en signe de joie ; un Durham, difficile à conduire, montrait son énorme tête à travers une fenêtre de l'écurie, où, par mesure de précaution, on le tenait attaché ; ses yeux flamboyants, ses naseaux écumants, ses piaffements redoublés accusaient chez lui une grande jalousie, et le regret de ne pouvoir partager la joie de tous ses compagnons ; les cochons grognaient tendrement ; les canards, sortant du pré, mettaient à la voile et gagnaient le bord de la mare pour prendre part à la joie générale ; les moutons mêlaient leurs bêlements à ceux des chèvres qui bondissaient avec cette grâce que nous leur connaissons lorsqu'elles donnent des leçons de savoir-vivre à leurs chevreaux ; les dindons, en faisant la roue, glougloutaient en se rengorgeant ; les moineaux même, ces turbulents amis des animaux de la ferme, se jetaient dans la mêlée et, tout en picorant, semblaient dire :
— Et nous aussi, nous connaissons Jean ; c'est lui qui place des pots sous la gouttière, où, sans crainte pour notre liberté, nous venons avec la plus grande confiance déposer le fruit de nos amours. Nous sommes certains que toute notre nichée prendra son vol sous la protection de notre ami, et c'est sans aucune inquiétude que nous nous confions à lui.

Chacun exprimait à sa façon la joie qu'il ressentait en voyant son jeune maître. *Fidèle*, le chien de la ferme, comme un général passant en revue ses nombreux soldats, parcourait les rangs, sautait, galopait, jappait, et après avoir répété plusieurs fois ses exercices, il venait lécher les mains de Jean, que chacun en son langage appelait l'*Ami des bêtes*.

Jean ne connaissait qu'une chose : l'accomplissement de ses devoirs. Depuis cinq ans qu'il était à la ferme, il n'avait eu qu'une pensée : celle de faire valoir tout ce qui lui était confié : il adorait Dieu, aimait ses parents, chérissait son maître. Il ne s'occupait pas du monde ; ses relations avec tous les habitants de la ferme et des villages voisins étaient douces ; il se rendait utile à tous, mais il ne s'attachait à personne. Le dimanche, il remplissait ses devoirs de chrétien. Dans ses promenades, il saluait les vieillards, protégeait les enfants, donnait de bons conseils à tous; puis, dans ses moments de loisir et de retraite, il se livrait à la lecture de bons livres, de livres utiles, agréables, instructifs, dont il faisait profiter tous les habitants de la vallée.

IV
Une famille heureuse

M. Daniel, heureux de pouvoir réaliser ses projets, se disposait à faire connaître à Jean ses intentions de mariage, qu'il devait mettre à exécution l'année suivante, époque à laquelle Marie, sa fille bien-aimée, entrerait dans sa dix-septième année.

Il fit venir Jean près de lui :

— Jean, lui dit-il, en présence de Mme Daniel, quand tu es entré chez moi, tu as travaillé comme si tu travaillais pour toi-même ; tu as continué avec une persévérance des plus louables et des plus laborieuses ; tu as amélioré ma ferme, tu as doublé son revenu, il est temps que tu trouves une récompense digne de tant de labeurs. J'ai prévenu tes parents de l'intention que j'ai de te rapprocher plus encore de moi, ils ont accepté ma proposition ; il me reste à te demander si tu veux être mon fils, l'époux de Marie, je te la donne.

Jean ne trouva pas une parole pour répondre, son cœur suffoquait, et des larmes abondantes s'échappaient de ses yeux. M. Daniel lui prit la main et l'embrassa. Jean tomba aux genoux de Mme Daniel en disant : — Je me crois indigne de tant de largesses ; mais tous mes jours, tous mes moments seront consacrés au bonheur de Marie, et ma reconnaissance envers vous durera autant que Dieu me permettra de vivre. J'accepte, mon maître, mon bienfaiteur, mon père, j'accepte, madame Daniel, ma bienfaitrice, ma mère, j'accepte avec la plus vive reconnaissance la main de Marie, et, je le répète, je me crois indigne d'une récompense aussi grande.

L'époque du mariage fut fixée au 1er mai de l'année suivante.

On convint néanmoins que Marie ignorerait jusqu'au jour des fiançailles le bonheur qui l'attendait. Les fiançailles devaient avoir lieu, comme c'était la coutume, six semaines avant le jour du mariage.

Ceci se passait au mois de novembre 1797 ; encore quelques mois, et une nouvelle vie pour tous, une vie pleine de charmes, devait commencer pour les parents et pour les enfants.

Jean travailla alors avec plus de zèle encore. Il avait créé des prairies artificielles et établi des drainages sur toute l'étendue du domaine; il avait fait l'acquisition de nouvelles charrues, il avait amélioré tous ses instruments aratoires ; les nouvelles méthodes de culture avaient remplacé la routine ; il était considéré dans toute

— 10 —

la vallée comme le plus adroit de tous les cultivateurs ; il raisonnait sur toutes les parties agricoles, en homme pratique, plein de sagesse et de tact. Toute la bonne jeunesse s'approchait de lui et recueillait, avec une sorte d'avidité, tous ses raisonnements : il était l'homme nouveau. Quelques vieux cultivateurs, imbus des vieilles méthodes, le contredisaient quelquefois ; mais il donnait pour preuve de la vérité de ses paroles le résultat que chacun remarquait dans la ferme de M. Daniel, domaine assez considérable, qui devait bientôt devenir la récompense de la vie laborieuse de Jean.

Tant de bonheur devait avoir un terme. Hélas ! il n'en est point de durable ici-bas.

On était arrivé à cette époque où la France avait besoin d'hommes, et on ne s'inquiétait pas si les bras manqueraient à l'agriculture ; il en fallait ; on avait à soutenir des luttes ; on semblait avoir oublié qu'il fallait des bras pour nourrir la patrie, il en fallait tant pour la défendre !

V

Le soldat de la 137ᵉ brigade

Un matin, c'était le huitième jour d'avril, Jean reçut un billet imprimé. On l'engageait à se rendre immédiatement à l'Hôtel-de-Ville de

Mirecourt, pour satisfaire à la loi militaire. Une levée extraordinaire de jeunes gens devait avoir lieu. A cette époque mémorable, aucun motif ne pouvait exempter les hommes capables de porter un fusil; la patrie était menacée, il fallait partir.

Jean subit cette épreuve sans sourciller, habitué qu'il était à obéir et à remplir ses devoirs. Fort de caractère, il revint à la ferme apprendre cette triste nouvelle à M. Daniel qui en fut au désespoir.

Jean se prépara à quitter la ferme.

Pendant le mois qui lui fut accordé avant son départ, il travailla sans relâche à mettre tout en ordre, et, le 1er mai 1798, le jour même qui devait être celui de son mariage, il quittait parents, maîtres et fiancée pour rejoindre la 137e demi-brigade.

Deux mois après il était nommé caporal, puis sergent. Il fit la guerre de la Vendée, et après une année de service, il passait sous-lieutenant et faisait partie de l'état-major du général Humbert, à son départ pour l'Irlande. Fait prisonnier de guerre dans la malheureuse journée de Ballinamach, il fut échangé après une année d'esclavage et de souffrance. Il passa dans le 71e régiment, et, de là, à l'armée des côtes de l'Océan, puis il s'embarqua pour Saint-Domingue. Il assista à toutes les batailles et au combat de Môle-St-Nicolas, où il reçut 15 coups de sabre et fut laissé pour mort sur le champ de bataille. Le général Rochambeau, auquel il fut amené sur un brancard, lui serra la main, l'embrassa et lui fit donner tous les soins possibles. Grâce à sa bonne constitution, le sous-lieutenant Lebon fut bientôt sur pied et put s'embarquer sur l'aviso de l'Etat *le Courrier* ; il fut un des premiers qui montèrent à l'abordage dans le combat qui fut livré à une goëlette anglaise de 10 canons. C'est dans cette attaque que le général Noailles tomba blessé à mort dans les bras de Lebon. De Charleston (Amérique du Nord), il se rendit à Santo-Domingo, et après le siège, il rentra en France, où il arriva pour assister à la bataille d'Iéna. C'est à la suite de cette mémorable journée que Jean Lebon reçut les épaulettes de capitaine.

VI

Le capitaine Lebon rentre dans ses foyers

Nous ne suivrons pas davantage Jean dans toute sa vie militaire ; nous nous contenterons de dire qu'après avoir assisté à toutes les grandes batailles de l'Europe en brave et vaillant militaire, il quitta le service en 1815 et rentra dans ses foyers avec d'honorables blessures, et la croix de la Légion d'honneur.

Hélas ! il ne devait plus revoir ses parents, ses maîtres et sa fiancée !

Dans les deux années qui avaient suivi son départ, son père et sa mère étaient morts de douleur. Mme Daniel s'éteignit lentement et mourut la même année. Marie ne survécut pas à sa mère : une maladie de langueur s'empara d'elle, et deux ans après sa cruelle séparation, jour pour jour, 1er mai encore, cette belle jeune fille descendait dans la tombe, emportant avec elle le souvenir d'un bonheur qui n'avait été qu'un rêve.

M. Daniel, après la mort de sa femme et celle de sa fille, vendit sa ferme, et se retira chez son beau-frère, vénérable curé, âgé de 80 ans. Malgré son grand âge, ce bon prêtre ferma les yeux à M. Daniel, et vécut encore assez longtemps pour revoir Jean lorsqu'il revint au pays.

Ce bon curé qui avait hérité de tous les biens de M. Daniel, légua toute sa fortune à Jean qui l'employa à faire du bien pendant toute sa vie, qui devait être longue, car il ne mourut que le 18 janvier 1870, âgé de 91 ans et 4 mois.

VII
Le capitaine Lebon dans la vallée

Pendant sa longue carrière, le capitaine Lebon qui avait hérité de la bibliothèque du curé, avait fait choix de tous les livres qui pouvaient instruire les jeunes gens et les porter à l'ordre et à l'économie.

Chaque soir, chez lui, il faisait une lecture à ceux qui voulaient venir l'écouter.

Tous les habitants de la vallée se faisaient un plaisir de se rendre à ses lectures. Il avait réuni tous les bons auteurs, et tout ce qui pouvait développer l'intelligence et amuser faisait l'objet de ses réunions.

Nous avons recueilli en partie tout ce que Jean avait lui-même choisi, et nous en avons fait un choix que nous offrons à nos lecteurs.

A toutes les bonnes lectures chrétiennes, historiques, agricoles que le vieux soldat aimait tant à faire à ses amis, nous ajouterons celles qu'il affectionnait le plus et qu'il répandait à profusion dans les campagnes : *Le Cœur des bêtes*, *les Misères des animaux*, *l'Almanach des bêtes* et tous les ouvrages qui pouvaient rendre bon le cœur des enfants.

Comme on le voit, après l'histoire de l'homme, ce qui intéressait le plus le capitaine Lebon, c'était l'histoire des bêtes.

Se souvenant de son jeune âge, de son premier métier, de son troupeau et de tous les animaux de la ferme, il avait pour les bêtes un attachement sans borne ; il prêchait sans cesse l'humanité envers les animaux.

Chaque dimanche, au sortir des vêpres, il réunissait tous les habitants du village, et, en leur présence, il décernait des médailles et des livres à tous les enfants qui montraient un bon cœur pour les animaux.

« Détruisez, disait-il, les animaux nuisibles, dangereux, mais ne les faites jamais souffrir. »

Un jour, le capitaine Lebon apprit qu'un écolier avait déniché un nid dans lequel il y avait huit œufs. Il alla le trouver, et pour qu'il ne recommençât plus, il donna à ses parents pauvres, la plus belle poule de sa basse-cour : chaque jour elle leur donnait un œuf. L'enfant fut corrigé, et jamais il ne toucha aux nids des petits oiseaux du bon Dieu.

Des camarades de ce petit garçon voulant l'imiter et mériter par là un cadeau du capitaine, allèrent à la forêt. Bientôt un nid est aperçu au haut d'un grand chêne : c'était un nid de Loriots, suspendu à une branche. Charles Béru, le plus jeune, vif comme un écureuil, grimpe lestement, et il allait atteindre le nid, quand la branche sur laquelle il était suspendu se rompit. Charles tomba de dix mètres de haut, se creva un œil et se cassa la jambe droite : il faillit en mourir. Le garde de la forêt, qui les surprit, dressa procès-verbal, et plus tard, lorsque le juge eut prononcé son jugement, les parents ne pouvant payer l'amende, ces petits dénicheurs firent chacun cinq jours de prison.

Lorsque le garde champêtre eut verbalisé, Nicolas Thuillard, le camarade de Charles Béru revint, en toute hâte au village, prévenir les parents de celui-ci. On alla le chercher sur une civière, et, trois mois après, il put seulement marcher, mais en boitant et n'ayant plus qu'un œil. On le voit chaque jour casser des pierres sur la route : c'est un accident qui eut de terribles suites pour lui, et un exemple qui a profité non-seulement à tous ses camarades, mais encore à tous les oiseaux ; car, dans la vallée, les nids sont respectés : aussi les hannetons, les fourmis, les chenilles et tous les insectes nuisibles à l'agriculture, c'est-à-dire à toutes les récoltes, fruits et grains, y sont rares.

La vallée du Val-d'Arol est une oasis où, du soir au matin, les oiseaux font entendre dans les bois, dans les jardins, sur les buissons, dans la plaine, leurs concerts harmonieux : l'hirondelle avec son suave gazouillement, le merle avec ses notes vibrantes et sonores, la fauvette avec sa romance mélancolique et rêveuse, le rossignol avec sa chanson variée, harmonieuse, poétique comme la saison dont il célèbre le retour. Tout, dans la nature, paraît heureux : les hommes, les bêtes, les plantes ; et en effet, tout respire le bonheur.

C'est à la conservation des nids, à l'humanité que les habitants ont pour tous les animaux utiles, qu'ils doivent la supériorité de leurs récoltes sur celles des pays voisins.

Le capitaine Lebon avait su captiver tous les cœurs, et c'était à qui rivaliserait de bonne conduite pour attirer sur soi l'amitié du vieux soldat.

Il aimait tout le monde ; mais ses conversations étaient plus intimes avec le maire, le curé, l'instituteur et le garde champêtre, qu'avec tous les autres habitants. Il savait que de ces fonctionnaires dépendait tout le bien de la vallée.

Heureux le pays qui posséderait un tel homme, sacrifiant ses veilles et sa fortune pour rendre meilleurs ses semblables ! A celui-là, la palme de l'immortalité ; aux égoïstes et aux avares, l'oubli.

La première fois que le capitaine fit une lecture, il choisit un livre de *M. de Lamartine*. Tout le village d'Offroicourt s'était réuni sur la pelouse qu'ombrage un énorme tilleul, sous lequel les jeunes gens, après les offices, célèbrent la fête patronale par des chants et des danses, où la décence la plus sévère préside.

M. Lebon assistait toujours avec quelques vieillards de la vallée à ces joies de l'enfance; et souvent, le cœur plein d'émotion et les yeux baignés de larmes, il chantait la romance suivante qui retrace d'une manière parfaite les beaux jours de sa jeunesse dans la ferme de M. Daniel.

> Rêves dorés de mon jeune âge,
> Je vous ai vus trop tôt finir;
> Rendez-moi votre douce image,
> On jouit par le souvenir.
> Au temps de ma joyeuse enfance,
> Chaque jour était une fleur;
> Je m'endormais dans l'espérance,
> Je m'éveillais dans le bonheur.
>
> Souvenirs purs et sans mélange,
> Passez sur mon front soucieux,
> Et je croirai que mon bon ange
> M'entr'ouvre la porte des cieux.
> Ah! qu'on regarde avec envie,
> Quand on gémit dans la douleur,
> Les premiers beaux jours de sa vie,
> Le temps passé de son bonheur!
>
> Rêves dorés de mon jeune âge,
> Venez encore m'endormir
> En me berçant de votre image,
> En m'apportant un souvenir.
> Pour les plaisirs de mon enfance
> Je n'avais pas assez d'un cœur;
> J'en ai trop d'un pour la souffrance,
> Et pour regretter mon bonheur.

PREMIÈRE LECTURE DE M. LEBON

VIII
Le Curé

« Il est un homme dans chaque paroisse qui n'a point de famille, mais qui est de la famille de tout le monde ; qu'on appelle comme témoin, comme conseil, ou comme agent dans tous les actes de la vie civile ; sans lequel on ne peut naître ni mourir, qui prend l'homme au sein de sa mère, et ne le laisse qu'à la tombe, qui bénit ou consacre le berceau, la couche conjugale, le lit de mort et le cercueil ; un homme que les petits enfants s'accoutument à aimer, à vénérer et à craindre ; que les inconnus mêmes appellent *mon père ;* au pied duquel les chrétiens vont répandre leurs aveux les plus intimes, leurs larmes les plus secrètes ; un homme qui est le consolateur par état de toutes les misères de l'âme et du corps, l'intermédiaire obligé de la richesse et de l'indigence, qui voit le pauvre et le riche frapper tour à tour à sa porte : le riche pour y verser l'aumône secrète, le pauvre pour la recevoir sans rougir ; qui, n'étant d'aucun rang social, tient également à toutes les classes : aux classes inférieures, par la vie pauvre, et souvent par l'humilité de la naissance; aux classes élevées, par l'éducation, la science et l'élévation de sentiments qu'une religion philanthropique inspire et commande; un homme enfin qui sait tout, qui a le droit de tout dire, et dont la parole tombe de haut sur les intelligences et sur les cœurs avec l'autorité d'une mission divine ou l'empire d'une foi toute faite! — Cet homme, c'est le curé : nul ne peut faire plus de bien et plus de mal aux hommes, selon qu'il remplit ou qu'il méconnaît sa haute mission sociale.

» Qu'est-ce qu'un curé? c'est le ministre de la religion du Christ, chargé de conserver ses dogmes, de propager sa morale, et d'administrer ses bienfaits à la partie du troupeau qui lui a été confiée.

» De ces trois fonctions du sacerdoce ressortent les trois qualités sous lesquelles nous allons considérer le curé, c'est-à-dire comme prêtre, comme moraliste, et comme administrateur spirituel du christianisme dans la commune. De là aussi découlent les trois espèces de devoir qu'il n'a à accomplir pour être complètement digne de la sublimité de ses fonctions sur la terre et de l'estime ou de la vénération des hommes.

» Comme prêtre ou conservateur du dogme chrétien, les devoirs du curé ne sont point accessibles à notre examen ; le dogme mystérieux et divin de sa nature, imposé par la révélation, accepté par la foi, cette vertu de l'ignorance humaine se refuse à toute critique, le prêtre n'en doit compte, comme le fidèle, qu'à sa conscience et à son Église, seule autorité dont il relève. Cependant ici même la haute raison du prêtre peut influer utilement dans la pratique sur la religion du peuple qu'il enseigne. Quelques crédulités banales, quelques superstitions populaires se sont confondues dans les âges de ténèbres et d'ignorance avec les hautes croyances du pur dogme chrétien ; la superstition est l'abus de la foi ; c'est au ministre éclairé d'une religion qui supporte la lumière, parce que toute la lumière est venue d'elle, à écarter ces ombres qui en ternissent la sainteté, et qui feraient confondre à des yeux prévenus, cette raison suprême, avec les industries pieuses ou les crédulités grossières des cultes d'erreur ou de déception. Le devoir du curé est de laisser tomber ces abus de la foi et de réduire les croyances trop complaisantes de son peuple à la grave et mystérieuse simplicité du dogme chrétien, à la contemplation de sa morale, au développement progressif de ses œuvres de perfection. La vérité n'a jamais besoin de l'erreur, et les ombres n'ajoutent rien à la lumière.

» Comme moraliste, l'œuvre du curé est plus belle encore. Le christianisme est une philosophie divine écrite de deux manières : comme histoire dans la vie et la mort du Christ; comme préceptes dans les sublimes enseignements qu'il a apportés au monde. Ces deux paroles du christianisme, le précepte et l'exemple, sont réunies dans le Nouveau-Testament ou l'Evangile. Le curé doit l'avoir toujours à la main, toujours dans le cœur. Un bon prêtre est un commentaire vivant de ce livre divin. Chacune des paroles mystérieuses de ce livre répond juste à la pensée qui l'interroge, et renferme un sens pratique et social qui éclaire et vivifie la conduite de l'homme. Il n'y a point de vérité morale ou politique qui ne soit en germe dans un verset de l'Evangile ; toutes les philosophies modernes en ont commenté un, et l'ont oublié ensuite ; la philanthropie est née de son premier et unique précepte, la charité. La liberté a marché dans le monde sur ses pas, et aucune servitude dégradante n'a pu subsister devant sa lumière ; l'égalité politique est née de la reconnaissance qu'il nous a forcés à faire de notre égalité, de notre fraternité devant Dieu ; les lois se sont adoucies, les usages inhumains se sont abolis, les chaînes sont tombées, la femme a reconquis le respect dans le cœur de l'homme. A mesure que sa parole a retenti dans les siècles, elle a fait crouler une erreur ou une tyrannie, et l'on peut dire que le monde actuel tout entier, avec ses lois, ses mœurs, ses institutions, ses espérances, n'est que le Verbe évangélique plus ou moins incarné dans la civilisation moderne ! Mais son œuvre est loin d'être accomplie ; la loi du progrès ou du perfectionnement, qui est l'idée active et puissante de la raison humaine, est aussi la foi de l'Evangile ; il nous défend de nous arrêter dans le bien, il nous sollicite toujours au mieux, il nous interdit de désespérer de l'humanité devant laquelle il ouvre sans cesse des horizons plus éclairés ; et plus nos yeux s'ouvrent à sa lumière, plus nous lisons de promesses dans ses mystères, de vérités dans ses préceptes, et d'avenir dans nos destinées !

» Le curé a donc toute morale, toute raison, toute civilisation, toute politique dans sa main quand il y tient ce livre. Il n'a qu'à ouvrir, qu'à lire, et qu'à verser autour de lui le trésor de lumière et de perfection dont la Providence lui a remis la clé. Mais, comme celui du Christ, son enseignement doit être double : par la vie et par la parole ; sa vie doit être, autant que le comporte l'infirmité humaine, l'explication sensible de sa doctrine, une parole vivante ! L'Eglise l'a placé là comme exemple plus que comme oracle; la parole peut lui faillir si la nature lui en a refusé le don; mais la parole qui se fait entendre à tous, c'est la vie : aucune langue humaine n'est aussi éloquente et aussi persuasive qu'une vertu.

Le curé est encore administrateur spirituel des sacrements de son église et des bienfaits de la charité. Ses devoirs en cette qualité se rapprochent de ceux que toute administration impose. Il a affaire aux hommes, il doit connaître les hommes; il touche aux passions humaines, il doit avoir la main délicate et douce, pleine de prudence et de mesure. Il a dans ses attributions les fautes, les repentirs, les misères, les nécessités, les indigences de l'humanité; il doit avoir le cœur riche et débordant de tolérance, de miséricorde, de mansuétude, de compassion, de charité et de pardons! Sa porte doit être ouverte à toute heure à celui qui l'éveille, sa lampe toujours allumée, son bâton toujours sous sa main; il ne doit connaître ni saisons, ni distances, ni contagion, ni soleil, ni neiges, s'il s'agit de porter l'huile au blessé, le pardon au coupable, ou son Dieu au mourant. Il ne doit y avoir devant lui comme devant Dieu, ni riche, ni pauvre, ni petit, ni grand, mais des hommes, c'est-à-dire des frères en misères et en espérances. Mais s'il ne doit refuser son ministère à personne, il ne doit pas l'offrir sans prudence à ceux qui le dédaignent ou le méconnaissent. L'importunité de la charité même aigrit et repousse plus qu'elle n'attire ; il doit souvent attendre qu'on vienne à lui ou qu'on l'appelle ; il ne doit pas oublier que sous le régime de liberté absolue de tous les cultes, qui est la loi de notre état social, l'homme ne doit compte de sa religion qu'à Dieu et à sa conscience. Les droits et les devoirs civils du curé ne commencent que là où on lui dit : Je suis chrétien.

» Le curé a des rapports administratifs de plusieurs natures avec le gouvernement, avec l'autorité municipale, avec sa fabrique.

» Ses rapports avec le gouvernement sont simples ; il lui doit ce que lui doit tout citoyen français, ni plus ni moins : obéissance dans les choses justes. Il ne doit se passionner ni pour ni contre les formes ou les chefs des gouvernements d'ici-bas ; les formes se modifient, les pouvoirs changent de noms et de mains, les hommes se précipitent tour à tour du trône; ce sont choses humaines, passagères, fugitives, instables de leur nature ; la religion, gouvernement éternel de Dieu sur la conscience, est au-dessus de cette sphère des vicissitudes, des versatilités politiques ; elle se dégrade en y descendant ; son ministre doit s'en tenir soigneusement séparé.

Le curé est le seul citoyen qui ait le droit et le devoir de rester neutre dans les causes, dans les haines, dans les luttes des partis qui divisent les opinions et les hommes, car il est avant tout citoyen du royaume éternel, père commun des vainqueurs et des vaincus, homme d'amour et de paix, ne pouvant prêcher que paix et qu'amour ; disciple de Celui qui a refusé de verser une goutte de sang pour sa défense, et qui a dit à Pierre : Remettez ce glaive dans le fourreau !

» Avec son maire, le curé doit être dans des rapports de noble indépendance en ce qui concerne les choses de Dieu, de douceur et de conciliation dans tout le reste ; il ne doit ni briguer l'influence ni lutter d'autorité dans la commune. Il ne doit oublier jamais que son autorité commence et finit au seuil de son église, au pied de son autel, dans la chaire de vérité, sur la porte de l'indigent et du malade, au chevet du mourant ; là il est l'homme de Dieu ; partout ailleurs le plus humble et le plus inaperçu des hommes.

» Avec sa fabrique, ses devoirs se bornent à l'ordre et à l'économie que la pauvreté de la plupart des paroisses comportent. Plus nous avançons dans la civilisation et dans l'intelligence d'une religion toute immatérielle, moins le luxe extérieur devient nécessaire à nos temples. Simplicité, propreté, décence dans les objets qui servent au culte, c'est tout ce que le curé doit demander à sa fabrique. Souvent même l'indigence de l'autel a quelque chose de vénérable, de touchant et de poétique qui frappe et attendrit le cœur par le contraste, plus que les ornements de soie et les candélabres d'or. Qu'est-ce que nos dorures et nos grains de sable étincelants devant Celui qui a tendu le ciel et semé les étoiles? Le calice d'étain fait courber autant de fronts que les vases d'argent ou de vermeil. Le luxe du christianisme est dans ses œuvres, et la véritable parure de l'autel, ce sont les cheveux du prêtre, blanchis dans la prière et dans la vertu, et la foi et la piété des fidèles agenouillés devant le Dieu de leurs pères.

» Pour se nourrir et se vêtir, pour payer et nourrir l'humble femme qui le sert, pour tenir sa porte ouverte à toutes les indigences des allants et des venants, le curé a deux rétributions; l'une de l'Etat, l'autre autorisée par l'usage et qu'on appelle le casuel. Ce casuel, assez élevé dans certaines villes où il sert à payer les vicaires, dans la plupart des villages produit peu ou rien au curé. A peine donc a-t-il l'étroit nécessaire, le *res angusta domi*, et cependant nous lui dirons encore, dans l'intérêt de la religion comme dans celui de sa considération locale : « Oubliez le casuel : recevez-le du riche qui insiste pour vous faire accepter ; refusez-le du pauvre qui rougit de ne pas vous l'offrir, ou chez qui se mêle à la joie du mariage, au bonheur de la paternité, au deuil des funérailles, la pensée importune de chercher au fond de sa bourse quelques rares pièces de monnaie pour payer vos bénédictions, vos larmes ou vos prières; souvenez-vous que si nous nous devons *gratis* les uns aux autres le pain de la vie matérielle, à plus forte raison nous devons-nous *gratis* le pain céleste; et rejetez loin de vous le reproche de faire payer aux enfants les grâces sans prix du Père commun, et de mettre un tarif à la prière ! Mais nous disons aux fidèles : Le salaire de l'autel est insuffisant !

» Comme homme, le curé a encore quelques devoirs purement humains, qui lui sont imposés seulement par le soin de sa bonne renommée, par cette grâce de la vie civile et domestique qui est comme la bonne odeur de la vertu. Retiré dans son humble presbytère, à l'ombre de son église, il doit en sortir rarement. Il lui est permis d'avoir une vigne, un jardin, un verger, quelquefois un petit champ, et de les cultiver de ses propres mains, d'y nourrir quelques animaux domestiques, de plaisir ou d'utilité, la vache, la chèvre, les brebis, le pigeon, les oiseaux chantants, le chien surtout, ce meuble vivant du foyer, cet ami de ceux qui sont oubliés du monde, et qui pourtant ont besoin d'être aimés par quelqu'un ! De cet asile de travail, de silence et de paix, le curé doit peu s'éloigner pour se mêler aux sociétés bruyantes du voisinage ; il ne doit que dans quelques occasions solennelles tremper ses lèvres avec les heureux du siècle dans la coupe d'une hospitalité somptueuse ; le pauvre est ombrageux et jaloux, il accuse promptement d'adulation ou de sensualité l'homme qu'il voit souvent à la porte du riche à l'heure où la fumée de son toit s'élève et lui annonce une table mieux servie que la sienne. Plus souvent, au retour de ses courses pieuses, ou quand la noce ou le baptême ont réuni les amis du pauvre, le curé peut-il s'asseoir un moment à la table du laboureur et manger le pain noir avec lui ; le reste de sa vie doit se passer à l'autel, au milieu des enfants auxquels il apprend à balbutier le catéchisme, ce code vulgaire de la plus haute philosophie, cet alphabet d'une sagesse divine. Dans des études sérieuses parmi les livres, société morte du solitaire ; le soir quand le marguillier a pris les clés de l'église, quand l'*Angelus* a tinté dans le clocher du hameau, on peut voir quelquefois le curé, son bréviaire à la main, soit sous les pommiers de son verger, soit dans les sentiers élevés de la montagne, respirer l'air suave et religieux des champs et le repos acheté du jour, tantôt s'arrêter pour lire un verset des poésies sacrées, tantôt regarder le ciel ou l'horizon de sa vallée, et redescendre à pas lents dans la sainte et délicieuse contemplation de la nature et de son auteur.

» Voilà sa vie et ses plaisirs; ses cheveux blanchissent, ses mains tremblent en élevant le calice, sa voix cassée ne remplit plus le sanctuaire, mais retentit encore dans le cœur de son troupeau; il meurt, une pierre sans nom marque sa place au cimetière près de la porte de son église. Voilà une vie écoulée! voilà un homme oublié à jamais! Mais cet homme est allé se reposer dans l'éternité, où son âme vivait d'avance, et il a fait ici-bas ce qu'il y avait de mieux à faire. Il a continué un dogme immortel, il a servi d'anneau à une chaîne immense de foi et de vertu, et laissé aux générations qui vont naître une croyance, une loi, un Dieu. »

C'était bien là le portrait du vénérable curé qui avait laissé toute sa fortune au capitaine : Aussi cette lecture produisit-elle la meilleure impression sur les habitants de la vallée.

Dans les premiers jours de son installation dans le pays de ses ancêtres et de ses bienfaiteurs, le capitaine avait remarqué un petit ouvrage de E. Boutmy, où il était question de l'instituteur.

Il lut avec tant de fruit cet excellent ouvrage, que sa bonne et fidèle mémoire lui permit de pouvoir entretenir ses nombreux amis de l'homme dont le dévouement est aussi grand que sa mission est admirable, celle d'instruire nos enfants et de leur préparer les voies du progrès et de l'aisance.

DEUXIÈME LECTURE DE M. LEBON

IX

L'Instituteur

L'instituteur exerce un sacerdoce et ne fait point un métier ; ses fonctions sont tout intellectuelles, tout morales ; ses rapports sont toujours sociaux, car la vie commence pour l'enfant sur les bancs de l'école, et ce que lui enseigne la parole du maître est la base de son avenir. On conçoit facilement, après ce préambule, qu'il n'y a pas de vie privée pour l'instituteur ; son existence entière est un dévouement ; elle est asservie à des devoirs qu'il ne saurait enfreindre sans compromettre le succès de ses travaux ou la dignité de son caractère.

L'instituteur doit se considérer comme un père de famille, ou comme un roi, du temps qu'ils étaient seulement des pasteurs d'hommes ; il doit guider les enfants et tenir sur eux des yeux toujours ouverts, au sein de leurs travaux, au milieu de leurs jeux, durant leurs repas et jusque dans leur sommeil. Gardien de l'innocence, il est responsable de la santé morale et physique des êtres qui lui sont confiés, il doit donner à la société des hommes purs.

Pour parvenir à ce but, il faut régler l'emploi du temps, établir une discipline sévère et ne jamais punir qu'à regret, mais avec une équité inflexible, sans transiger avec aucune considération personnelle : rien ne produit un plus funeste effet sur l'esprit des enfants, que la punition d'une faute qu'ils n'ont pas commise ou que l'absolution de celle dont ils se sont rendus coupables.

Dans la classe, pour les occupations journalières, la condition la plus importante est l'ordre et la distribution exacte du temps et du travail. Sans ordre point de progrès, point d'éducation possible. Ce principe est rigoureux dans tous les modes d'enseignement, mais il trouve une application plus directe dans la méthode mutuelle. L'ordre doit y régner dans les moindres détails ; c'est là surtout que doit s'appliquer cette maxime : « Une place pour chaque chose, chaque chose à sa place. »

Un bon instituteur ne saurait donc trop veiller au maintien de l'ordre ; il faut qu'il exige que les tableaux, le papier, les plumes, les livres, occupent une place invariable ; il faut que les élèves arrivent ensemble et entrent dans la classe sans bruit, sans confusion ; il faut que le silence le plus profond règne pendant les exercices ; que, dans les marches, les élèves aillent en cadence, mais sans trop appuyer les pieds, ce qui serait bientôt un sujet de trouble ; enfin, que tous leurs mouvements parviennent presque à une précision militaire. Il faut encore que le local soit parfaitement propre, et que les vêtements des élèves soient tenus avec soin. Ce sont de petits détails, dira-t-on, mais il n'y en a pas de si minimes que l'instituteur actif, et l'activité est une des conditions les plus nécessaires à ses fonctions, ne doive y descendre et y attacher autant d'importance qu'à d'autres choses : ne rien négliger d'utile est une sécurité pour l'instituteur consciencieux ; c'est de plus une garantie pour les grandes choses. Il faut aussi veiller à ce qu'il n'y ait jamais de désordre dans la tenue des élèves, et que, dans aucun cas, plusieurs quittent à la fois la classe sous quelque prétexte que ce soit.

Dans l'enseignement et les exercices des classes, le grand mérite consiste à ce qu'aucun moment ne soit perdu pour aucun des élèves; c'est ici que se manifeste particulièrement la supériorité des méthodes simultanée et mutuelle sur l'enseignement individuel.

Dans une école où l'enseignement est mal dirigé, mal combiné, où les élèves ne sont pas constamment occupés, la discipline souffre, l'instruction est lente, et l'éducation morale sans force. Je conseille donc aux instituteurs de varier les occupations de telle sorte que les élèves naturellement enclins à se fatiguer des mêmes choses ne sentent jamais la monotonie du travail : de ne pas les obliger à se tenir en face de leurs livres, immobiles comme des statues, mais aussi de ne point leur permettre un maintien qui porterait à la nonchalance. Il faut aider au développement de la nature, si agissante chez les enfants, sans la contrarier en rien. Autre chose est de comprimer ou de diriger. C'est ainsi qu'on aigrit et qu'on fausse le caractère de l'écolier en le tourmentant à tout propos; pour échapper à cette pénible contrainte, il perd sa naïveté, sa franchise; il cherche les moyens d'adoucir sa situation, et peu à peu se montre malin, menteur, hypocrite et méchant. Le maître et ce qui vient de lui, lui semblent suspects, injustes, insupportables; l'école n'est pour lui qu'une prison; tout ce qui n'est pas permis prend à ses yeux un charme funeste; tout ce qu'il lui faut suivre est un supplice jusqu'au jour où, libre enfin, il va promener dans le monde son incapacité et ses mauvais penchants.

Lorsqu'au contraire, l'instituteur habile sait fermer les yeux sur les puérilités pardonnables à la rigueur, sa voix est écoutée quand elle adresse un reproche; la douceur ordinaire fait plus vivement sentir la sévérité méritée; les encouragements accordés pour le bien donnent au blâme ou à la simple improbation un caractère de puissance qui impressionne davantage les enfants, et la récompense qu'ils trouvent dans l'accomplissement de leurs devoirs porte des fruits jusqu'au sein des récréations : il est à remarquer que l'élève attentif, docile et travailleur est bon camarade. Celui-là sera bon fils, bon père, bon citoyen. En général, la douceur et la bonté envers les enfants leur donnent de l'assurance; ils ne sont pas retenus par la crainte; ils font un usage plus complet de leurs facultés, et il en résulte des avantages immenses pour leur instruction.

En aucun cas, l'instituteur ne doit pas s'emporter contre les élèves, c'est un point important : un visage sérieux leur impose trop; un visage mobile ne leur impose pas assez; l'extérieur est peu de chose sans doute, mais il est pour le maître ce qu'est le geste pour l'orateur : il ajoute, il donne de la puissance à la parole.

L'enfance est naturellement impressionnable et sympathique, mais elle est changeante et difficile à fixer : il faut se servir adroitement de ses qualités naturelles pour combattre des défauts qu'elle tient de sa nature. C'est ainsi qu'il est prudent de ne jamais attendre que l'ennui gagne l'enfant dans ses leçons, dût-on plutôt les abréger, ou partager les classes par quelques moments de récréation. Les leçons courtes et fortes valent mieux que les leçons longues et prolixes; ce qui n'est pas bien compris d'abord reste pourtant comme un germe dans l'esprit pour se développer plus tard. C'est ainsi qu'on doit se garder de gronder un élève parce qu'il n'a pas saisi le sens d'une leçon, ou parce qu'il la sait mal; ce serait s'exposer à le punir de notre propre tort, soit que nous eussions mal présenté le sujet de la leçon, soit que nous eussions négligé de le présenter d'une façon propre à exciter l'intérêt de la classe.

Intéresser les enfants est un moyen de développer leur intelligence, et de leur faire faire chaque jour un pas de plus, tout en ranimant leur zèle et leur ardeur. Il faut encore exercer leur jugement et leur mémoire, l'un par l'autre, mais de préférence leur jugement. La mémoire est l'esprit des sots.

L'instruction est, sans contredit, le but de l'instituteur, cependant il ne doit jamais la répandre que sanctionnée par la morale. L'instruction fait des savants, l'éducation morale seule fait des citoyens. C'est un devoir d'inspirer de bonne heure aux enfants l'amour du travail, le goût de l'ordre, la tempérance, l'économie, le respect filial, la soumission aux lois ; ce sont là les vertus sociales qui adoucissent les rapports des hommes entre eux. Il résulte d'ailleurs de cet enseignement moral un avantage précieux qui dispense d'avoir à infliger des punitions corporelles, humiliantes. L'instituteur ne doit jamais perdre de vue que l'enfant sera homme un jour, et qu'il faut craindre de l'accoutumer à rougir ; le bonnet d'âne, l'agenouillement, la férule, doivent disparaître de nos écoles. Les récompenses accordées aux studieux et aux sages sont déjà des punitions pour tous ceux qui ne les ont pas méritées.

Mais la leçon la plus utile, c'est celle que l'instituteur donne lui-même par l'exemple ; il doit éviter les lieux fréquentés d'ordinaire par les gens oisifs. Sa réputation est la seule garantie des familles : ce n'est qu'en conservant leur estime, qu'en méritant la vénération des gens vénérés, qu'il n'altérera jamais l'autorité nécessaire à sa parole, et qu'il ne rendra pas difficile le respect dont il doit toujours être l'objet de la part de ses élèves.

Les instituteurs sont des fonctionnaires, exerçant la plus importante magistrature, car ils viennent après le prêtre, et souvent le remplacent.

La religion chrétienne ne change pas, mais l'instruction primaire varie chaque jour ; aussi ce que le capitaine avait dit du Curé, il le répétait souvent, mais jamais sans y rien changer; tandis que pour l'Instituteur, souvent il faisait de nouvelles lectures, et chaque fois c'était un récit plein d'attraits nouveaux.

Voici une lecture qu'il fit vingt-cinq ans après celle qui précède.

TROISIÈME LECTURE DE M. LEBON

X
Une bonne École

<small>A l'œuvre on connaît l'ouvrier, et l'instituteur aux résultats qu'il obtient.</small>

Il y a au pied des montagnes des Vosges, une commune dont les habitants se font remarquer par la simplicité de leurs mœurs, par la douceur de leur caractère, par la loyauté de leurs relations. L'aisance qui règne dans les familles montre l'esprit d'ordre et d'amour du travail qui les anime; elle en est la conséquence immédiate. C'est un grand bonheur pour la commune que cette prospérité justement conquise; autrefois on y remarquait des ignorants, des paresseux, des mendiants, et conséquemment de la misère, des querelles, des procès; aujourd'hui la pauvreté, l'indolence et les procès ont disparu : l'administration municipale a éteint la mendicité, en venant avec intelligence au secours des malheureux. Cette transformation, lentement élaborée, mais enfin réalisée, est due, on s'accorde à le dire généralement, à la présence d'un homme de bien, d'un instituteur communal doué de toutes les qualités que réclame la mission délicate dont il se trouve honoré !

Arrivé depuis trente ans environ dans cette école, depuis trente ans l'exemple de sa conduite, la régularité et la douceur de ses mœurs, la sagesse de ses préceptes et de ses conseils, l'exactitude à remplir ses devoirs ont porté leur fruit. Modèle de vertus pour les uns, conseiller prudent pour les autres, il a tari, parmi ses concitoyens, la source des divisions; et c'est avec raison qu'on attribue à son influence la désertion des cabarets, l'abandon du jeu, la bonne harmonie qui règne dans la commune; néanmoins, dans les temps difficiles à traverser, il ne s'est pas montré homme de parti; toujours conciliant, toujours modéré, sage et sobre dans ses discours : c'est par l'éloquence de l'exemple qu'il a ramené la paix, qu'il est devenu l'ami de tous, le citoyen dévoué et le digne auxiliaire du pasteur qui l'estimait. Cependant il n'y avait point d'école normale, il a fallu qu'il trouvât, dans son cœur et dans son expérience, ces leçons précieuses que reçoit aujourd'hui celui qui veut devenir instituteur.

Le maître modèle, en exerçant une action directe sur les élèves, acquiert une heureuse influence sur les parents, et on comprend facilement qu'elle s'étend bientôt sur tous. De là, cette série de devoirs qui accableraient, si l'on ne prenait en affection une carrière qui offre bien des incertitudes, bien des embarras, il est vrai, mais qui, nous l'avons dit déjà, trouve une juste récompense dans le bien qu'on peut faire en la parcourant.

Dans l'école de cette commune, heureuse de posséder cet excellent maître, règnent l'ordre et le silence ; on y est religieux, appliqué, poli ; on y travaille. Entrez-vous dans la salle ? Elle est propre et bien aérée, les fenêtres ont été ouvertes ; on y respire un air pur ; les enfants grandissent dans une atmosphère où la vie se développe avec activité. Au milieu des fleurs qui, en été, ornent et parfument la classe, ces jeunes êtres, l'espérance du village, se font remarquer par leur bonne tenue, par leur propreté ; et on lit sur leur physionomie la joie et le bonheur de se voir sous la direction d'un maître qui sait faire disparaitre les difficultés de l'étude et rendre son école aimable.

La commune, reconnaissante des soins de son digne instituteur, a bientôt élevé une maison d'école en rapport avec le nombre croissant des élèves ; ce n'est point un palais, mais elle a une simplicité commode et de bon goût ; elle est convenablement meublée. L'instituteur, ainsi encouragé, a orné les murs de la salle, de cartes géographiques, d'alphabets, de chiffres, de sentences morales, de figures de dessin linéaire, du tableau des mesures métriques, du tableau des prières, tout cela disposé avec goût et avec soin par le maître, par ses sous-maîtres ou par les élèves les plus forts. Au-dessus de l'estrade du maître est une petite bibliothèque renfermant les bons livres d'éducation et de pédagogie, les meilleurs guides pour les écoles, la collection du journal de l'instruction primaire, la liste des livres recommandés et les registres de l'école. C'est là le fonds où l'instituteur puise sa richesse; c'est là qu'il fortifie son expérience, qu'il consulte et qu'il apprend à mieux faire encore.

Je suis entré plus d'une fois dans cette école : livres, cahiers, papiers, plumes, encriers, tout y était à sa place; j'y ai toujours vu les élèves occupés, et, au milieu d'eux, l'instituteur donnant une leçon à l'une des divisions; à mon arrivée, il s'avançait vers moi, le contentement sur la figure, le calme dans le cœur et la sérénité sur son front, son empressement aimable témoignait de son plaisir à recevoir ma visite; autour de lui, tous semblent heureux; il aime ses petits écoliers; il est le bon père de famille; son cœur est presque celui d'une mère. Attentif à tout, soigneux, diligent, il voit les besoins de l'un, satisfait ou réprime les désirs d'un autre; et il prépare ainsi pour l'avenir une génération qui fait honneur à ses travaux. Là, rien n'est négligé, l'éducation et l'instruction marchent de front ; tous les objets d'enseignement sont méthodiquement coordonnés ; les bons procédés sont appliqués ; on a trouvé une place pour toutes les connaissances fondamentales et accessoires. Les punitions y sont rares ; les récompenses jamais prodiguées ; les unes et les autres tournent au profit de la morale ; et les exemples du maître tiennent lieu de plus savants et de plus sévères préceptes : un mensonge est-il dit ? une impolitesse est-elle commise ? une impertinence a-t-elle lieu ? aussitôt une leçon est faite sur les déviations morales. Toute occasion est avidement saisie pour porter au bien et faire éviter le mal ; aussi cet honnête fonctionnaire a l'estime, l'amitié, la confiance des enfants et des pères de famille. Ses collègues viennent le visiter souvent, pour eux-mêmes autant que pour lui ; il est affable, modeste, bon, et il trouve dans la tranquillité de sa vie, dans ses relations administratives et amicales, dans son école, un bonheur qu'envierait plus d'un riche, plus d'un personnage distingué dans le monde.

Arrivé aujourd'hui au terme de sa carrière, ce digne fonctionnaire, entouré de sa famille, qu'il a religieusement et simplement élevée, voit bénir son nom cité partout avec éloge. Le souvenir de ses travaux lui survit ; les hommes qu'il a instruits et formés deviennent des témoignages et des exemples vivants du bien qu'il a fait ; et ses collègues, comme son successeur, énergiquement stimulés par son exemple, mettent leur gloire à imiter et continuer l'œuvre qu'il a commencée. Heureux donc l'instituteur qui marche dans la bonne voie ! Heureuse la commune qui le possède !

Lorsque j'étais enfant, continua M. Lebon, l'école était fermée l'été, et pendant toute la belle saison, le *maître d'école*, déjà chantre, sacristain, sonneur, secrétaire de la mairie, appariteur, écrivain public, fabricien, allait au bois sur son dos, se faisait manœuvre, maçon, domestique, etc. N'était-ce pas humiliant ? Ce qui mettait le comble à cette position critique et malheureuse, c'était l'absence d'aucun traitement; ce maître rustique était payé en nature: on lui donnait des œufs, du beurre, du lard, du blé, des pommes de terre, et lorsqu'une pièce de monnaie tombait dans sa main, il ne pouvait en croire ses yeux, il se croyait riche.

Aujourd'hui, l'*instituteur* est un fonctionnaire public honoré, et à juste titre dignement respecté, parce que le gouvernement éclairé en a reconnu l'immense utilité, et qu'il sait que plus cet homme sera considéré, capable, plus nos enfants deviendront des hommes utiles à la société. Respect donc à l'homme appelé à faire des citoyens.

XI

Une promenade

Après ces lectures, le jeudi surtout, le capitaine Lebon conduisait à la promenade les plus anciens élèves de l'école et les jeunes gens de la commune, tantôt dans les bois, tantôt dans les champs, et quelquefois au bord du ruisseau.

Il marchait au milieu d'eux comme le meilleur des pères marche au milieu de ses enfants.

Selon le lieu, selon la leçon : au bois, il faisait connaître l'essence de chaque arbre, il expliquait comment un petit gland devient un grand chêne ; chaque année, pendant quatre à cinq mois, la sève travaille, monte, entre l'écorce et le bois, et laisse une couche qui grossit l'arbre et fait grandir les branches. Un tronc d'arbre, scié fraîchement, servit au capitaine pour montrer,

— 46 —

d'une manière exacte, l'âge d'un arbre par le nombre de cercles qu'on remarque sur le tronc scié, et qui sont autant de couches annuelles de sèves ; c'était un sapin des Vosges : il avait un mètre de circonférence et contenait 31 cercles ; il avait donc 31 ans. M. Lebon faisait connaître à quoi on emploie le plus fréquemment chaque essence de bois.

Dans la plaine, il montrait les moissons, il expliquait pourquoi et comment l'homme des champs devait se complaire au milieu de cette riche nature ; il faisait la comparaison entre l'homme des cités bruyantes et celui du village tranquille. Ses exemples étaient toujours applaudis, et chacun disait bien et promettait bien aussi qu'il ne quitterait ses champs et le toit paternel que pour défendre la patrie.

Il parlait de Dieu, des oiseaux, des insectes et des animaux nuisibles ou utiles à l'homme et à l'agriculture. Arrivés près du ruisseau, il démontrait ce qu'était la mer ; il disait : — Ce petit ruisseau se jette dans le Madon, le Madon dans la Moselle, la Moselle dans le Rhin, et le Rhin dans la mer du Nord.

Sur toute la surface de la France, il y a des milliers de petits ruisseaux comme celui du Val-d'Arol, beaucoup de rivières, plusieurs fleuves, qui se déversent les uns dans les autres et se jettent dans les mers, comme je viens de le dire.

Le soleil ensuite pompe l'eau des mers ; cette eau tombe en pluie ou en rosée sur les montagnes et dans les plaines ; cette pluie traverse la terre, va gagner des conduits souterrains et alimente des sources : les sources forment ordinairement des ruisseaux, quelquefois des rivières, et, depuis le commencement du monde, l'eau des mers est l'eau du ciel, comme l'eau du ciel est l'eau de cette source à laquelle nous allons nous rafraîchir. Les mers sont donc les sources de toutes nos fontaines et de tous nos cours d'eau.

Le capitaine invita tous ceux qui avaient soif à tremper leurs mains jusqu'aux poignets avant de boire; cette mesure hygiénique prise, il donna un verre en cuir verni au plus grand, et avec la joie la plus vive, chacun but de l'eau de cette source qui devait, dans un temps donné et très-court, faire partie de cette masse d'eau qu'on appelle mer, qui nourrit tant de poissons, porte tant de vaisseaux, et renferme une fortune colossale, incalculable, débris des naufrages de tous les temps.

Chaque jour, des choses nouvelles venaient instruire tous ces bons jeunes gens qui aimaient le capitaine comme on aime un bon père : aussi disaient-ils souvent entre eux : Quand M. Lebon sera mort, que deviendrons-nous?

En rentrant, les petits garçons racontaient à

leurs sœurs et à leurs parents tout ce que M. Lebon leur avait appris, et voilà comment tous les habitants de cette heureuse vallée sont instruits sur des choses qu'on ignore ailleurs.

Un jour M. Lebon profita de la veille d'une élection du Conseil municipal de Thiraucourt pour faire une lecture à tous les électeurs. Il les invita à goûter sur la rive du bois, à l'ombre d'un chêne sous lequel coule la fontaine Saint-Lambert.

— Voici un grave sujet, mes amis, leur dit-il, je ne croyais jamais vous en entretenir ; mais puisque je vous ai parlé de M. le Curé, de M. l'Instituteur, il faut bien que je vous parle de M. le Maire. Asseyez-vous et prêtez-moi toute votre attention.

Sur cette gracieuse et paternelle invitation, un grand cercle se fit autour de M. Lebon, et cinquante jeunes gens, parmi lesquels des hommes d'un âge mûr s'étaient mêlés, s'étendirent sur le gazon et prièrent le capitaine de commencer son récit.

QUATRIÈME LECTURE

XII
Le Maire

*Le maire c'est la patrie;
La patrie c'est le clocher.*

Quand un homme arrive à la mairie sans intrigues et par le choix des habitants de la commune, c'est un grand titre qu'il acquiert à la considération publique.

Quand cet homme se dévoue aux intérêts de la commune qu'il administre ; quand il vit pour tous et que, sans passion, il n'épouse la querelle de personne ; quand il fait son devoir, qu'il accomplit sa difficile mission avec tous les ménagements que comporte cette rude tâche ; quand l'abnégation est sa devise, tous les habitants, ses administrés, doivent être heureux et satisfaits. Ils doivent à ce magistrat toute leur sympathie, leur reconnaissance, et dans toutes les occasions, ils doivent manifester à cet homme les marques du plus grand respect.

Si, par sa position de fortune ou par ses qualités, le maire n'est pas le premier homme de la commune, il en est le premier par les fonctions qui lui sont conférées. Il a droit au respect, et on ne peut le lui refuser : c'est ce qui fait sa force. Le jour où ce magistrat perd la confiance de l'honnête population, les partis se forment, la commune murmure, la tranquillité cesse, les dissensions commencent.

Un maire ne doit jamais dire : « La commune c'est moi ; » mais il est à désirer que le maire soit assez sage, assez capable, assez adroit pour conquérir tous les cœurs. Un pays n'est jamais bien gouverné que lorsque le souverain a les coudées franches, une main de fer, une volonté ferme, du calme, de la sagesse et de bons ministres.

Ceci s'applique aux plus petites comme aux plus grandes communes ; car, s'il est difficile de gouverner un grand Etat, il n'est pas facile d'administrer le plus petit hameau.

Vous qui habitez le village natal, et qui participez à l'élection, cessez de demeurer indifférents en présence des choses sérieuses, devenez des hommes, ne restez pas plus longtemps au milieu de vos concitoyens, immobiles et froids comme la pierre des bancs de vos promenades et le visage des fontaines qui coulent sur vos places ; sortez de votre repos, prenez votre part dans la mission du progrès ; associez-vous franchement au bien, à l'ordre, au travail, au bien-être de tous ; sachez mourir pour votre Dieu, pour votre pays, pour votre famille. Dans les petites actions comme dans les grandes, montrez-vous dignes de vous, de ce que des hommes sérieux et honnêtes peuvent et doivent faire ; associez-vous, nommez un honnête homme pour maire, aimez-le, secondez-le ; votre tranquillité personnelle repose sur cet homme, en lui est aussi votre fortune, en lui est la joie de tous. Aussi dès qu'il est nommé, est-ce à lui à s'appliquer au bonheur du pays. On ne peut rien exiger de plus : l'Etat sera satisfait.

Il faut aimer la commune, car la commune c'est ce dont notre entendement peut mieux s'emparer. Là sont les purs souvenirs des joies du berceau, des premiers regards sur les étoiles et sur les fleurs, des brises odorantes qui dilatèrent notre jeune poitrine, des sons rêveurs dont nous étions bercé, le soir, à l'*Angelus*; de l'image des baisers maternels, des contes autour de l'âtre, des premières amitiés, de la première aumône, des jeux sous les marronniers, des excursions le long du ruisseau, à la poursuite du hanneton et de la demoiselle ; puis de l'attendrissement de la première communion, et, plus tard, du pudique sentiment qui complète notre existence.

La commune, c'est ce dont vous faites partie, le toit qui vous vit naître, le champ où dorment vos aïeux, la rue qui mène à votre domicile; l'église où s'enseigne la vérité qui ne passera point; c'est aussi l'école où grandissent les petits enfants et où s'exercent les forces naissantes de l'esprit; c'est la mairie qui conserve vos titres de fils, de citoyen et de Français; c'est le foyer que vous devez nationalement garder et défendre; en un mot, c'est la patrie!

Tâchez donc de vous assurer tant d'intérêts si chers, comme une propriété personnelle. Partout où vous devinerez une intention civique, aidez-la de toutes vos forces, de tout votre concours; secondez toute vue utile qui vous sera manifestée. Retenez bien ceci : En nous associant à tout ce qu'a pu dire à ce sujet M. Roselli de Lorgues, auquel j'ai emprunté quelques pensées, disons avec lui : « *La patrie, c'est la commune*; la commune s'appuie sur trois puissances : le PRESBYTÈRE, l'ECOLE, la MAIRIE... » Seule leur parfaite union peut régénérer...; mais cette union parfaite, qui saura l'opérer? — La charité, la charité seule!......

Et qu'on respecte ce paysan qui préside au Conseil municipal. Si la coupe de son habit n'est pas taillée comme celle des magistrats des villes, son esprit peut être aussi sain, son cœur aussi bon, ses intentions aussi pures et son abnégation aussi grande.

On doit au maire de village, à ce paysan au bonnet de coton, aux mains caleuses, à la figure brûlée par le soleil, à cet homme battant à la grange dès les deux heures du matin, à ce cultivateur conduisant une voiture de fumier, à ce citoyen qui, probablement, a prêté ses bras pendant sept ans à sa patrie, qui est toujours prêt à les donner, et qui les donnera encore pour la nourrir pendant tout le temps qu'il restera sur cette terre ; on doit, dis-je, à ce fonctionnaire toute la considération, tout le respect qui sont ses seules récompenses.

Orgueilleux, incapables, paresseux, avares, égoïstes, inutilités, mécontents, irréconciliables, respectez, saluez ce magistrat, qui vous donne son temps et qui se dévoue à vos intérêts.

Vous qui, du haut de votre orgueilleuse grandeur, cherchez encore à relever la tête, vous qui ne vivez que pour vous, ne vous est-il pas arrivé, du haut de vos échasses, de regarder un maire de village avec un air arrogant qui semblait dire : J'ai des écus ? — ce mot dit tant de choses !... Eh bien, ce maire de village, qui n'est peut-être pas riche, savez-vous ce que c'est ? Je vais vous le dire pour que vous l'appreniez à vos enfants :

Le maire est une puissance :

On lui doit obéissance et soumission.

Tout, à la ville comme au village, est sous la main du maire. Ni vous, ni votre femme, ni vos enfants, ni vos serviteurs, ni les animaux qui vous appartiennent, ne sauriez vous dérober à sa surveillance, pas plus que votre domicile, vos jardins, vos prés, vos terres, vos bois. Soit que vous acceptiez docilement et avec bonne grâce l'autorité de son regard, soit que vous l'ayez en détestation, elle s'exercera malgré vous, sur vous, pour vous et contre vous ; car nulle chose ne s'accomplira dans l'étendue de la commune que ce paysan n'en soit informé. Seul il est avant tous, et peut se dire après le Souverain le premier dans la commune. La vie, la mort, le départ, l'arrivée, le mariage, l'établissement, la faillite, l'acquisition des biens ou la déplorable expropriation, le secret du bonheur ou du chagrin domestiques sont connus de lui avant de qui que ce soit de la commune.

Examinons l'étendue de son autorité, et nous mesurerons alors avec respect la puissance de son caractère.

A peine l'homme vient-il au monde, avant que Dieu et la patrie exigent rien de lui, le maire le cite devant sa chaise curule. L'enfant y comparaît dans les bras de sa nourrice, afin que son maître civil lui accorde les droits de son sexe, de sa famille, le nom de son individu et l'honneur d'appartenir à la France.

C'est le maire qui lui octroie l'éducation en lui ouvrant l'école, s'il ne peut en payer l'entrée. C'est le maire qui, dans la vigueur de son développement physique, l'appelle à la gloire de servir le pays sous nos drapeaux. C'est le maire qui seul lui permet de donner son nom, en dernière parure de noce, à la femme qu'il veut s'associer.

Supprimez cet homme, et vous ne serez plus rien vous-même : ni mari, ni chef de famille, ni citoyen, ni pompier, ni électeur, ni juré.

Sans ce paysan, vous n'êtes rien, rien ; vous ne sauriez, malgré lui, agrandir ou réparer votre demeure, déposer devant votre porte une tuile. Il contrôle tout ce qui sert à votre nourriture, le poids exact et la qualité des aliments achetés pour votre famille ; l'eau et le vin de votre table, avant d'y figurer, ont ou doivent avoir été soumis à sa surveillance. Si tel est son plaisir, le spectacle promis à vos enfants sera supprimé. Ce cabaret ou ce café où s'exhalent en d'oisives bouffées et de médisantes causeries les jubilations de votre puante pipe, sera fermé avant l'heure attardée qui vous y retient chaque soir. Sans lui, nul jeu public, nulle fête, nulle cérémonie extérieure; nul ne viendra dans la commune élire domicile, former un établissement, exercer une profession ou la quitter, attirer près de soi un étranger, ni s'absenter sans que ce paysan n'intervienne.

Si l'homme ne peut respirer, en France, sans l'autorisation du maire, il ne peut non plus y mourir et obtenir sans lui, pour son cadavre, un peu de poussière. Il ne sera pas légalement décédé; sa succession ne s'ouvrira point, et sa femme ne sera ni veuve, ni tutrice de ses enfants, ni libre de former une autre union, tant que le maire n'aura pas constaté sa mort.

Voilà la puissance municipale !

Pour qui sait comprendre l'autorité, la direction de la mairie d'une petite commune est plus difficile que celle de la mairie d'une ville populeuse où des auxiliaires de tous rangs allégent le fardeau et partagent les fatigues de la curie.

Partout la magistrature civile s'empreint de force et de grandeur; mais son omnipotence éclate mieux dans les communes rurales que dans les centres d'agglomération.

A Paris, le maire s'efface et n'est plus qu'un simple officier de l'état civil; il est déchargé de la surveillance morale et politique et dispensé de la police des rues; ces attributions sont remplies par des agents de divers grades qui supportent la majeure partie de ses charges.

Au village, le maire est tout, parce qu'il est seul. Il devient, selon l'événement, organe de la justice criminelle, procureur impérial, juge d'instruction, ingénieur des ponts et chaussées, préfet de police, officier de gendarmerie, chef suprême de la force publique, de la force armée, des sapeurs-pompiers.

Le maire rural représente à la fois la plus haute capacité et la plus haute puissance de la commune.

En général, les maires de campagnes sont toujours disposés au bien. On ne brigue pas autant que dans les villes cet honneur d'être le premier de son village ; au village, comme à la ville, le maire n'est pas plus tôt nommé qu'on lui suscite des tracasseries, et à la première petite faute, et souvent même sans l'attendre, on lui en prête tout de suite une foule pour avoir un motif de le combattre. Parce qu'il a un titre qu'il faut qu'on respecte, des voix orageuses s'élèvent dans le sein du conseil municipal, où la jalousie, l'ignorance et l'insouciance, la plupart du temps, sont les seuls motifs des batailles qui lui sont livrées. Mais quand il en est ainsi, le maire, en homme sage, ne doit pas s'arrêter à ces misères, il doit rester ferme, les honnêtes gens seront pour lui. Qu'il fasse le bien pour faire le bien, et qu'il ne s'occupe que des intérêts réels de ses administrés, et bientôt les méchants seront les premiers à lui faire leur cour.

Et lorsque, dans la modeste maison communale, le maire procède à la célébration du mariage, et qu'il dit :

AU NOM DE LA LOI JE VOUS DÉCLARE UNIS PAR LE MARIAGE.

Quelle est la puissance humaine qui peut détruire ces paroles sacramentelles ? Aucune : Dieu seul par la mort y met un terme.

Et c'est encore à cet humble paysan que la loi a confié ce grand acte.

Il n'a besoin, pour consacrer cette union, d'aucun signe que son écharpe ; revêtu de cette pièce d'étoffe, il enchaîne à jamais deux jeunes cœurs ; en sa présence le riche et le pauvre sont égaux ; le même insigne, les mêmes paroles sont pour tous ; et le mariage, qui est la clé de voûte de l'ordre social, reçoit par cet homme et dans cette salle nue sa consécration naturellement majestueuse par sa simplicité.

Pour que la tâche du maire ne soit plus aussi pénible, fondez des bibliothèques communales, faites lire vos enfants quand ils n'iront plus à l'école, et ils deviendront bons fils, bons soldats, bons époux, bons pères ; instruisez le peuple, et le peuple deviendra bon, travailleur, économe, ennemi du désordre, ami des institutions. Alors la tâche de chacun sera plus facile, le fardeau de tous moins lourd.

CINQUIÈME LECTURE

XIII
Le Garde champêtre

Je suis le cauchemar du braconnier.

Les gardes champêtres sont institués pour veiller d'une manière toute spéciale à la conservation des récoltes, des fruits de la terre et des propriétés rurales de toute espèce, et pour concourir au maintien de l'ordre et de la tranquillité publique.

Le garde champêtre est à la fois agent communal, agent de la force publique et officier de police judiciaire.

Comme agent de la force publique, il peut être requis pour prêter main-forte à l'autorité militaire, à la gendarmerie et aux officiers de police auxiliaires, et peut être chargé de faire exécuter tous les arrêtés légalement pris par l'autorité municipale.

Les gardes champêtres, dans l'exercice de la surveillance qui leur appartient, doivent dresser des procès-verbaux à l'effet de constater la nature, les circonstances, le temps, le lieu des délits et des contraventions, ainsi que les preuves et les indices qu'ils auront pu en recueillir.

Les gardes champêtres sont officiers de police judiciaire, mais ne sont pas les auxiliaires du procureur impérial; en conséquence, ils sont sans qualité pour recevoir les dénonciations et plaintes, et faire les autres actes de la compétence du procureur impérial et de ses auxiliaires, si ce n'est dans certains cas déterminés par la loi et qui se trouvent énumérés ci-après :

1° Aux termes des lois sur la chasse et sur la pêche, ils sont chargés de constater les délits de chasse et de pêche ;

2° Ils ont le droit de constater les fraudes sur le tabac et sur les cartes à jouer, de procéder à la saisie des tabacs, cartes mécaniques et ustensiles prohibés ; à celle des chevaux, voitures et autres objets servant au transport, et à constituer prisonniers les fraudeurs et colporteurs ;

3° Ils recherchent toute fabrication clandestine de sel ou de liqueur saline hors des 12 kilomètres de la zone des côtes ;

4° Ils constatent les délits et les contraventions sur la police du roulage et des messageries publiques, ainsi que les délits et les contraventions de grande et de petite voirie ;

5° Enfin, ils constatent les contraventions à la loi sur le droit d'affichage.

Ils sont établis gardiens des saisies brandons.

Ils sont chargés par les maires de faire notification de certains actes. Ils sont chargés encore quelquefois de l'apposition de certaines affiches.

Ils peuvent être employés par l'autorité pour l'exécution des mesures propres à prévenir la contagion et les maladies épizootiques.

Les procès-verbaux des gardes champêtres font foi en justice jusqu'à preuve contraire.

Les gardes champêtres sont responsables des dommages résultant des délits qu'ils ont négligé de constater dans les vingt-quatre heures.

Lorsqu'ils sont requis par le maire de leur commune, le juge de paix ou le commissaire de police, pour arrêter un prévenu de crime ou délit, ils doivent être considérés comme *force armée* ; s'ils éprouvent de la rébellion, la position du prévenu est aggravée par le fait.

Les outrages et violences dont ils pourraient être l'objet dans l'exercice de leurs fonctions tombent sous l'application des articles 222 et suivants du code pénal et des lois des 17 mai 1819 et 25 mars 1822.

Le garde champêtre doit avoir une grande exactitude, une infatigable activité, une vigilance difficile à tromper, un désintéressement qui le mette au-dessus de la corruption ; il doit avoir encore quelques notions des lois relatives à la police des campagnes, des idées assez nettes pour rédiger clairement un procès-verbal, enfin assez de droiture pour que, dans l'exercice de ses fonctions, il ne se laisse influencer ni par des haines particulières, ni par des affections personnelles.

Le garde champêtre doit exercer ses fonctions en bon père de famille. S'il n'a pas été militaire, il doit au moins en avoir le caractère sous le rapport de l'intégrité, de la discipline et de l'exactitude. Tous les habitants doivent avoir pour ce digne homme qui veille sur leurs propriétés, toute la considération qui lui est justement due et qui fera sa force.

Mes bons et chers amis, je vais vous parler d'un homme que vous devez bien aimer, bien respecter, bien admirer, car c'est à cet homme que nous devons de dormir tranquilles; vous le connaissez tous, ce digne homme, dont je vais vous entretenir; en été comme en hiver vous le voyez souvent passer, par le brûlant soleil comme par les plus grands froids, il fait son service sans murmurer. C'est par le respect qu'il a pour la discipline et pour sa consigne que la France est fière des bons services de cet ancien militaire qu'on appelle *gendarme*.

Ce nom est la terreur des mauvais sujets ; le chapeau seul, vu de loin, fait trembler les malfaiteurs et tous ceux qui n'ont pas la conscience nette. Le contraire a lieu chez les honnêtes gens qui, loin de craindre, sont réellement rassurées par la présence du gendarme.

SIXIÈME LECTURE

XIV

Le Gendarme

> — Vois-tu là-bas, ce tricorne ?
> — C'est un gendarme !
> — Sauvons-nous !
> DEUX MALFAITEURS.

La gendarmerie est une force instituée pour veiller à la sûreté publique et pour assurer le maintien de l'ordre et l'exécution des lois.

Une surveillance continue et répressive constitue l'essence de son service.

Son action s'exerce dans toute l'étendue du territoire continental et colonial de l'Empire, ainsi que dans les camps et armées.

La gendarmerie est particulièrement destinée à la sûreté des campagnes, des grandes routes et de toutes les voies de communication.

Les militaires de la gendarmerie, avant d'entrer en fonctions, sont tenus de prêter serment d'après la formule suivante :

« Je jure obéissance à la constitution et fidé-
» lité à l'Empereur.

» Je jure également d'obéir à mes chefs, en
» tout ce qui concerne le service auquel je suis
» appelé, et, dans l'exercice de mes fonctions,
» de ne faire usage de la force qui m'est confiée
» que pour le maintien de l'ordre et l'exécution
» des lois. »

Les emplois de gendarme sont donnés à des militaires en activité, ou appartenant à la réserve, ou libérés définitivement du service, quel que soit le corps dans lequel ils ont servi.

Les conditions d'admission dans la gendarmerie sont : d'être âgé de vingt-cinq ans au moins et de quarante ans au plus. D'avoir servi activement sous les drapeaux pendant trois ans au moins ; de savoir lire et écrire correctement ; de justifier, par des attestations légales, d'une bonne conduite soutenue.

On voit par ce qui précède, que n'est pas gendarme qui veut, et que celui qui porte ce grave et brillant uniforme est un homme d'élite choisi parmi les honnêtes et braves militaires.

Respect donc au gendarme ! Honte à celui qui, par des paroles et des gestes, chercherait à attirer l'inconsidération sur ce gardien fidèle de l'ordre, de la propriété et de la sûreté des habitants de nos villes et de nos campagnes!

La gendarmerie est répartie par brigade sur tout le territoire de la France, de l'Algérie et des colonies. Ces brigades sont à cheval et à pied.

On sait avec combien d'intelligence, de courage, de dévouement et d'abnégation, le gendarme remplit la mission à laquelle il s'est engagé par son serment.

On sait aussi combien nous avons eu à déplorer de crimes commis sur la personne de ces braves soldats, tant la voix de l'humanité et de la discipline parle haut dans leur cœur. Combien de veuves, combien d'orphelins ont pleuré et pleurent encore la mort d'un époux, d'un père, mort victime d'infâmes assassins.

Il faudrait un bien gros livre pour mentionner tous les actes de générosité, de charité et de dévouement accomplis par des gendarmes. Ah! que de services ils rendent à la société. Et combien peu on connaît l'esprit qui anime ces braves militaires. Si quelquefois ils ont à se plaindre de certains individus qui ne se donnent pas la peine de se rendre compte de leur utilité, qu'ils sachent bien que les honnêtes gens les admirent et les bénissent, et que les mauvais sujets, les hommes qui ne remplissent pas leurs devoirs ni envers Dieu, ni envers la patrie, ni envers le souverain, sont leurs seuls ennemis. Comment pourrait-il en être autrement, puisque la gendarmerie n'est créée que pour surveiller ces misérables.

Mais à côté de cette grande nécessité, le gendarme a une autre mission.

Il sert d'escorte dans toutes nos fêtes religieuses et politiques; il en est l'ornement par sa bonne tenue et surtout par son bel et imposant uniforme qui nous rappelle celui de nos gardes-françaises.

Le gendarme accompagne le Saint-Sacrement dans les processions de la Fête-Dieu.

La gendarmerie est sans contredit le plus beau corps de notre armée, c'est celui qui rend le plus de services, car lorsque la Patrie appelle ses enfants, le gendarme, qui la veille arrêtait le vagabond, repousse le lendemain l'arrogant soldat étranger qui avait tenté de toucher au noble sol de la France.

Lors des voyages du Souverain dans les départements, des détachements de gendarmerie sont placés sur la route que S. M. doit parcourir ; et, dans le cas où l'Empereur voyage par la voie du chemin de fer, les détachements de gendarmeries sont placés aux gares de départ et d'arrivée.

Il en est de même pour les ministres et les maréchaux de France.

La gendarmerie est également sur pied pour la réception des généraux de division et de brigade, des préfets, des présidents de haute cour et de cours d'assises.

La gendarmerie est toujours en grande tenue pour les honneurs à rendre.

Les cours de justice qui se rendent à une fête ou une cérémonie publique, sont escortées par la gendarmerie.

Dans toutes les fêtes publiques, dans les fêtes patronales, dans les foires et marchés, à l'arrivée et au départ des trains, des diligences, le gendarme est toujours là : c'est le symbole de la force, de la tranquillité.

Dans les incendies, les gendarmes peuvent requérir le service personnel des habitants qui sont tenus d'obtempérer sur le champ à leur sommation, en fournissant des chevaux, des voitures et tous autres objets nécessaires pour secourir les personnes et les propriétés. Ils empêchent le pillage et la dégradation des meubles et effets dont ils protégent l'évacuation, et ne laissent circuler dans les maisons, greniers, caves et bâtiments, que les personnes de la maison et les ouvriers appelés pour éteindre le feu. Après avoir dressé les procès-verbaux sur les causes connues de l'incendie, et après s'être assurés que leur présence n'est plus nécessaire pour la conservation des propriétés, pour le maintien de la tranquillité publique, ils quittent seulement le lieu de l'incendie.

La gendarmerie appréhende les individus qui semblent suspects.

Dans ses tournées, correspondances, patrouilles et service habituel, elle exerce une surveillance active et persévérante sur les repris de justice, sur les condamnés libérés, sur ceux qui sont internés et qui cherchent à faire de la propagande révolutionnaire, enfin la mission du gendarme est de protéger les honnêtes gens contre les malfaiteurs, voleurs, assassins, perturbateurs du repos public, évadés des prisons et des bagnes, en un mot contre tout ce qui peut alarmer la société et porter atteinte à la tranquillité publique.

Elle est appelée à surveiller et à faire respecter tous les travaux et ouvrages qui se trouvent abandonnés sur la voie publique, et arrête tous ceux qui sont surpris dévastant les forêts, coupant ou dégradant les arbres plantés sur les routes, chemins, promenades publiques, fortifications, cours d'eau, etc., ou détériorant les monuments, les rails de chemin de fer, en un mot la gendarmerie est appelée à rendre les plus grands services à la patrie entière, et la France doit être très-reconnaissante à ces hommes qui, avec la plus grande abnégation, se dévouent pour tous.

Ne voit-on pas tous les jours ces défenseurs de l'ordre et de la tranquillité publique se cotiser, prélever sur leur modique traitement une certaine somme pour soulager la mère de famille dont le mari est en prison où il subit une peine quelconque.

Honneur à vous, braves gendarmes, honneur à vous! vous prouvez en tout temps, en tous lieux, par votre discernement comme par votre courage, que vous êtes les vrais amis de l'ordre et de la société, les persévérants ennemis des malfaiteurs et des anarchistes. Vous êtes la milice citoyenne, car vous êtes les défenseurs de la cité et de la famille. Vous aussi, vous avez des familles et des intérêts domestiques en souffrance, et cependant vous n'hésitez jamais à remplir votre devoir immédiatement et jusqu'au bout ; vous vous exposez à la mort et vous ne craignez pas de compromettre l'avenir de vos femmes et vos enfants qui vous sont plus précieux que la vie, toutes les fois que vos chefs vous appellent.

Honneur à vous!

Oui, vous êtes l'admirable milice de l'ordre, vous êtes le dévouement, la fermeté, la résignation dans les luttes, dans les combats, dans le martyre.

Vous avez dit :

« Du nord au midi, de l'orient à l'occident, des Alpes aux Pyrénées, aucun de nous ne sera jamais avec les malfaiteurs ; partout où ils sont, nous serons tous contre. »

Cette excellente logique de la gendarmerie est la seule vraie, la seule juste. Si tous les citoyens parlaient, pensaient et agissaient comme les gendarmes, ils s'exposeraient moins souvent à se tromper, et toute révolution serait impossible, surtout à Paris.

Et quoi de plus admirable que la police de Paris, ces autres gendarmes de la sûreté publique. Avec quelle politesse, quelle douceur les agents vous répondent lorsque vous les questionnez; avec quelle habileté ils préviennent le désordre, que de service ils rendent aux habitants de Paris, aux riches, aux pauvres, aux commerçants.

Et eux aussi sont d'anciens militaires ; habitués à la discipline, comme le gendarme, ils sont toujours prêts à sacrifier leur existence pour ne pas manquer à leur devoir. On les voit partout, et partout ils veillent sur nous ; il faut être initié dans le service admirable de la police de Paris pour pouvoir bien juger des immenses services que rendent, nuit et jour, ces braves gens qui ne transigent jamais ni avec l'honneur ni avec le devoir.

Et combien d'assassinats de gendarmes et de sergents de ville n'avons-nous pas à enregistrer en province pour les premiers, à Paris pour les seconds !....

Et pourquoi de pareils malheurs arrivent-ils dans notre belle France, le premier pays du monde, celui qui tient la première place entre tous, par la civilisation ?

Ah ! pourquoi ?

N'y a-t-il pas dans nos belles forêts, dans la feuillée solitaire, sous la verte mousse, des reptiles, dont le venin est mortel.

De même, dans notre pays, nous avons des hommes, ou plutôt des misérables qui, toute leur vie, font la guerre aux honnêtes gens, les uns en volant, les autres en assassinant, et beaucoup trop d'autres qui, n'acceptant rien des choses établies, se déclarent éternellement les ennemis de la société et du gouvernement.

Mais est-ce que si tout cela n'existait pas, nous aurions besoin de gendarmes et d'agents de police ? — Non, assurément. Ils rendent donc nécessaire ces deux corps d'élite.

Terminons par ce cri : Guerre aux voleurs, guerre aux assassins, guerre aux anarchistes !...

Le capitaine Lebon, après avoir énuméré tous les autres services que rend la gendarmerie, racontait des exemples héroïques de la part de ces braves militaires, entr'autres les batailles qui leur sont livrées par les bandits, où ils sont trop souvent victimes de leur courage et de leur dévouement.

Avant de terminer, M. Lebon invita l'un des jeunes gens à réciter les vers suivants, de M. Roux, qui furent applaudis par les nombreux assistants de cette réunion champêtre.

LE GENDARME

Dans le fond du ravin, au pied de la colline,
Sur la boueuse voie où le pauvre chemine,
Au milieu des taillis, aux alentours des bois
Sans doute avez-vous vu s'avancer quelquefois,
Le corps presque affaissé sous leur pesante armure,
Deux humbles cavaliers, deux modestes soldats
Qui, pour rendre au passant la route toujours sûre,
    Vous précédaient, chevaux au pas.

C'étaient peut-être, hélas! de nos grandes journées,
Deux anciens vétérans. Dans leurs jeunes années
Le boulet ennemi marqua leur noble front ;
Exposés maintenant au mépris, à l'affront,
Ils allaient, remplissant une mission sainte,
Au péril de leurs jours traquer un malfaiteur,
Ou de vingt assassins cachés dans une enceinte
    Braver la rage et la fureur.

Le tocsin a sonné ; la flamme dévorante
Au village voisin a semé l'épouvante.
Qui viendra se jeter sur ces toits embrâsés ?
Qui viendra secourir ces vieillards délaissés ?
Le gendarme accourra ; dans l'épaisse fumée
Il sera le premier à braver le trépas ;
Ici sauvant la mère en sa chambre enfermée,
    Là de l'enfant guidant les pas.

Le fleuve a débordé ; les digues sont brisées,
Le sol est inondé, les moissons menacées ;
Seul, au bout de son champ, le pauvre agriculteur
Regarde s'avancer le torrent destructeur.
La crainte du péril a gagné le plus brave.
Mais déjà retentit le galop d'un cheval,
Et le gendarme vient, tant qu'il reste une épave,
    Travailler sans rival.

C'est lui qui sauvera dans ce coin solitaire
Le malheureux enfant qu'abandonna sa mère ;
Lui qui peut soulever ce corps contaminé,
Ces membres déjà froids, cet homme assassiné.
Il secourt l'indigent qui tombe dans la rue,
Le mendiant sans pain, l'idiot sans raison,
Console le paysan au train de sa charrue,
    Et sous son faix le bûcheron.

Il est fête aujourd'hui : le pasteur du village
Viendra porter bientôt, sous des arcs de feuillage
L'hostie expiatoire et le corps du Sauveur.
Il chercherait en vain une antique ferveur
Auprès de son troupeau ; presque seul le gendarme
Au coin du dais sacré reviendra se placer ;
Quand le prêtre se lève, à Dieu présentant l'arme,
    Et le suivant s'il veut marcher.

La scène va changer : on vaque à la toilette ;
Sous le tranchant du fer doit tomber une tête.
Une foule attentive à l'œuvre du bourreau
Regarde avec effroi le fatal tombereau.
Au fond de sa maison l'honnête homme se cache.
Entre l'exécuteur, le pâle condamné ;
Qui voudrait voir frapper cette terrible hache
    Sur ce grand col découronné ?

Le gendarme est mandé : c'est la loi qui l'appelle ;
A son poste il sera, soutenant s'il chancelle
Les pas de l'assassin ; s'il parle lui parlant ;
Levant, s'il vient à choir, son corps faible et tremblant.
Il se tourne…. on se tait ! et puis la tête tombe !
La foule, à flots pressés, s'éloigne en frissonnant ;
Chacun s'en va ; tout seul il reste, car la tombe
    Réclame encor ce tronc sanglant.

La triste œuvre accomplie au coin d'un cimetière,
Il retourne au logis pensif et solitaire,
Caresse ses enfants alertes et joyeux,
Embrasse son épouse au cœur affectueux ;
Mais en vain cherche-t-il le repos dans sa couche :
D'affreuses visions troubleront son sommeil ;
Et cent spectres divers, à l'œil livide et louche,
    L'entoureront à son réveil.

Il se lève, il fait jour ; il est dans sa caserne.
Il va fourbir son buffle, astiquer sa giberne.
Il balaie sa cour ; il sarcle son jardin,
En aligne les plantes, en trace le chemin.
La jeune fille alors joue avec sa dragonne :
Les plus jeunes enfants le suivront sans effroi ;
Il parle sans rancune au voisin qui braconne
    Ou qui saura frauder l'octroi.

C'est l'éternel soldat du foyer domestique,
Le soldat vétéran, le protecteur unique
Qui soit resté debout après tant de débris.
Il entend nos soupirs, il surveille nos cris.
Il porte seul enfin le monde comme Alcide.
Qu'il parte et tout est dit : les bagnes sont ouverts,
Et d'infâmes brigands, une horde homicide
    Incendiera nos toits déserts !

Sublime dévouement ! si cet homme succombe
Sous le fer d'un brigand ; si le gendarme tombe,
Peut-être au coin d'un bois s'ouvrira son cercueil.
Et que donnera-t-on à son épouse en deuil?
Que lui restera-t-il pour payer tant d'alarmes.
Pour nourrir tant d'enfants ? Dix sous, dix sous par jour,
Des soucis éternels, d'éternelles alarmes
    Pour les objets de son amour.

Dans ces derniers temps, la position du gendarme a été améliorée de manière à apporter dans chaque modeste ménage un peu plus de bien-être ; les vœux que je forme aujourd'hui pour ces courageux soldats, en même temps que bons pères de famille, c'est de voir leurs enfants *admis gratuitement* dans nos écoles.

SEPTIÈME LECTURE

XV

Le Sapeur-pompier

M. Lebon ne faisait aucune distinction entre le pompier de service et le soldat.

J'ai souvent entendu dire au capitaine qu'il ne voudrait jamais commander une compagnie de sapeurs, si cette compagnie n'était disciplinée militairement. Il avait raison. Au reste, écoutons-le, c'est lui qui parle.

La discipline fait le pompier.

Qu'est-ce, en effet, qu'une compagnie de sapeurs-pompiers sans discipline ?

C'est le désordre !

Une commune qui entretient une compagnie à ses frais, doit exiger le respect du règlement qu'elle a dû imposer à tous, au capitaine comme au plus jeune pompier.

Aucun d'eux ne peut s'en écarter : officiers, sous-officiers et sapeurs-pompiers, nul n'a le droit de négliger son service. Dès qu'un citoyen est accepté pour faire partie d'une compagnie, comme le militaire appartient à l'état, le sapeur-pompier appartient à la commune.

Le chef d'une compagnie, qui tient ses épaulettes du chef de l'Etat, doit montrer l'exemple dans toutes les circonstances aux hommes que la commune lui fournit.

On donne souvent des sobriquets à certains chefs ; n'est-ce pas de leur faute, et ne prêtent-ils pas à ce ridicule par leur propre conduite ?

Un nom de guerre est une marque de respect et d'admiration que l'on attache à un chef qui s'en est rendu digne, tandis qu'un sobriquet est une épithète peu recommandable pour un chef, qui désigne un homme peu respectable et peu respecté des hommes qu'il est appelé à commander.

Par suite d'une action d'éclat, ou d'une vie militairement intègre, un chef peut être baptisé d'un nom de guerre. Exemple : l'Empereur était désigné sous le nom de *Petit-Caporal*; le maréchal Castellane, général *Brise-Tout*. — Remontons plus haut, Charles-le-*Téméraire*, Richard-*Cœur-de-Lion*. — Revenons à notre temps, le capitaine *Balafré*, le capitaine *Sans-Peur*, etc., etc.

Ce sont là des titres symboliques, honorables, pleins d'estime et de vénération, qui font honneur aux hommes auxquels on les donne.

Dans ma longue carrière militaire, je puis affirmer, moi, que jamais on ne m'a appelé autrement que capitaine Lebon. N'est-ce pas ridicule, n'est-ce pas une atteinte à la discipline que d'entendre un sapeur-pompier dire :

Capitaine *Fricot*, — capitaine *Lorgnon*, — capitaine *Petit-Verre*. — capitaine *Pour-Rire*, — capitaine *Trop-Tard*, — capitaine *Impossible*. — capitaine *Que-tu-m'affliges?* — Tous ces surnoms sont loin d'être une considération et même une expression amicale : c'est impopulaire, c'est de l'indiscipline, c'est un manque de respect : c'est plus, c'est du désordre.

Quand une compagnie est passée à l'indiscipline, n'importe pour quelle cause, il faut sans plus tarder la remplacer par des hommes de bonne volonté, qui ne coûteront rien aux communes, et qui se trouveront toujours prêts en cas d'incendie.

Cela s'est vu, cela s'est fait; et lorsqu'on réorganisait la compagnie récalcitrante, cet exemple lui servait de règle de conduite : ceux de ses membres qui avaient provoqué le désordre ne retombaient plus dans les fautes anciennes.

En général, le sapeur-pompier tient à son casque ; s'il s'écarte du chemin qui lui est tracé, c'est qu'il est mal dirigé : le bon maître fait le bon serviteur.

A Dieu ne plaise que je mette en doute et que je combatte ici l'utilité des compagnies de sapeurs-pompiers ! on sait combien je suis dévoué à ce corps d'ouvriers; mais qu'il me soit permis d'exprimer une opinion sur une compagnie en souffrance, mal commandée, mal disciplinée : c'est mon droit, et c'est dans l'intérêt des communes, de la propriété que je me déclare ennemi de l'indiscipline et du laisser-aller d'un corps qui ne peut rendre de véritables services qu'autant qu'il est écrit sur son drapeau, à côté des mots *dévoûment* et *abnégation*, ce mot : DISCIPLINE.

La discipline entraîne le dévoûment, le courage.

Le pompier n'est pompier que par sa propre

volonté. Celui-là qui endosse l'habit de pompier pour profiter des avantages qui se rattachent à ce corps et se soustraire aux charges, c'est-à-dire à son devoir, celui-là est un mauvais pompier, il doit être signalé et exclu : c'est une brebis galeuse, il faut craindre la contagion.

Quelle différence avec l'homme qui remplit ses devoirs par amour du bien, avec celui qui possède le vrai, le noble caractère de sapeur-pompier proprement dit : ce dernier mérite la considération, et on ne peut trop lui témoigner sa satisfaction.

C'est avec la pensée que tous les hommes, formant une compagnie, ont ce noble caractère, qu'ils sont dévoués et disciplinés, que je vais dire un mot sur le sapeur-pompier.

Les sapeurs-pompiers sont un corps institué par l'autorité municipale pour se transporter au premier coup de cloche sur le théâtre d'un incendie ; pour arrêter, comprimer, étouffer — souvent au risque de la vie — les envahissements des flammes, et protéger et garantir de leurs atteintes la propriété d'autrui.

Après l'incendie, après le danger passé, le pompier rentre chez lui. On n'a plus à s'en occuper : il a accompli sa mission, il a rempli son devoir.

Aux yeux du vulgaire, le sapeur-pompier est quelquefois et trop souvent l'objet de plaisanteries. On voit la stupide insouciance de quelques sots émérites tourner en ridicule l'homme, l'ouvrier revêtu de l'habit de sauvetage : c'est souvent sa seule récompense. Pour le sapeur-pompier modeste, dévoué, les sarcasmes ne sont rien, sans orgueil il les méprise ; ces quolibets et ceux qui les lancent ne vont pas à sa cheville, et son cœur lui dit : Dieu t'a vu, Dieu connaît tes intentions : cela seul doit te suffire.

Repoussons comme lui, plaignons, comme il le fait, les sots qui se rendent coupables de forfaits semblables, ne nous arrêtons pas à ces futiles considérations, et prouvons — ce qui n'est pas difficile — que le sapeur-pompier est un homme zélé, courageux, recommandable, d'un dévoûment à toute épreuve, et dont les importants services méritent de passer moins inaperçus.

Tout le monde sait qu'une compagnie de sapeurs-pompiers est composée d'ouvriers, d'artisans, d'hommes de labeurs, de quelques chefs d'atelier, la plupart pères de famille ; c'est-à-dire de citoyens honnêtes, probes, amis de l'ordre et capables d'inspirer la plus grande confiance, surtout s'il y a réciprocité de sympathie entre chefs et sapeurs.

Voyons maintenant à l'œuvre le sapeur-pompier.

Après une journée de travail, il rentre excédé de fatigue au sein de sa famille, espérant réparer ses forces dans le repos que lui promettent les heures paisibles de la nuit. Tout à coup le son alarmant de la cloche, le bruit sinistre du tambour frappent son oreille et l'arrachent à son foyer : sans hésiter, il se lève, s'équipe en toute hâte et s'élance hors de son toit. Adieu les douces causeries du soir avant le sommeil avec sa laborieuse compagne ; adieu les baisers de ses enfants auxquels il n'avait peut-être pas fait une caresse de la journée ; adieu le charme d'un repos salutaire, d'un sommeil réparateur! Ses heures, son temps, sa personne ne lui appartiennent pas, il en a fait le généreux sacrifice à l'intérêt public; il va se dévouer, se sacrifier peut-être pour son semblable ; il n'a plus que cette pensée : se rendre utile à tout prix, et comme un soldat harassé qui, à peine sorti de la mêlée, entend de nouveau le signal du combat, il vole au lieu du danger, non pour donner la mort, mais pour arracher à la mort des victimes, mais pour lutter contre un ennemi plus terrible et plus formidable que celui qu'on rencontre sur les champs de bataille ; car il ne fait pas de quartier, celui-là, et si les armes du sapeur-pompier ne sont pas trempées dans le calme; si, par un élan trop souvent funeste à quelques-uns d'entre eux, il

4.

se laisse aller à vouloir agir seul, sans ensemble, sans commandement, sans le secours de chefs sages, instruits, capables de diriger, cet ennemi ne fera aucune grâce : il faut l'éteindre, le dompter, ou il vous étouffe, ou il vous dévore.

Quel spectacle affreux qu'un incendie mal dirigé, mal pris, mal attaqué ! Un chef qui ne se sent ni les capacités, ni le courage de pouvoir attaquer en face cet ennemi redoutable, se rend coupable et responsable de maux incalculables !..... La cité le montre au doigt.

Souvenez-vous, mes amis, de cet horrible incendie que vous avez eu à combattre dans la vallée, et dans lequel votre chef a failli perdre la vie; j'étais là, j'ai été témoin de ses merveilleux efforts, de son courage, de son sang-froid; je l'entends toujours s'écrier du milieu des flammes : *Que la population se tranquillise, nous sommes maîtres du feu !* et, en effet, ce chef venait, de concert avec quelques-uns d'entre vous, de vaincre le monstre, il venait de l'étouffer : nous étions tous dans la joie.

Et toute la vallée d'Arol était heureuse.

Vous avez gardé bon souvenir de cet excellent chef qui n'est plus ; suivez donc les bons conseils qu'il aimait tant à vous donner ; inculquez à vos amis qui ne l'ont pas connu les bons principes qu'il vous a laissés ; souvenez-vous quelquefois de lui, et si vous voulez donner à sa mémoire les preuves d'attachement les plus sincères, soyez toujours ce que vous étiez lorsqu'il vivait et qu'il était à votre tête ; restez dévoués à vos semblables, et respectez toujours la discipline, base de toutes les vertus du sapeur-pompier.

Et je vous disais tout à l'heure, avant de vous rappeler cette scène émouvante du 15 novembre 1859, que l'ennemi terrible que le sapeur-pompier a quelquefois en face, ne plaisante pas ; il marche, marche toujours, et si on le laisse avancer, on ne pourra bientôt plus l'arrêter : il faut le terrasser, l'étouffer ou il vous dévore.

Pour être vainqueur, il faut du sang-froid ; avec du calme, on terrasse facilement l'ennemi, mais, encore une fois, il faut de la discipline.

Tantôt la hache à la main, debout sur un toit tout en feu, le sapeur-pompier frappe à coups redoublés, il coupe, il tranche, il abat la poutre enflammée qui, comme une torche incendiaire, allait consumer l'habitation voisine. Tantôt il pénètre à travers les tourbillons d'une fumée épaisse et suffocante, pour dérober au fléau quelques objets précieux, pieux souvenirs d'une famille éplorée. Tantôt, la cendre, les charbons ardents, les parcelles brûlantes d'un métal en fusion, les débris et les décombres pleuvent sur lui ; et avec un sang-froid surhumain, il continue son œuvre tutélaire. Souvent aussi, par un noble oubli de lui-même, il va jusqu'à perdre l'instinct de sa propre conservation pour ne songer qu'au salut des infortunés qu'il secourt et qu'il veut arracher à la mort !

Qu'un chef est heureux quand il peut partager tous ces dangers avec ses nobles amis ! Qu'il est heureux de commander de tels hommes ! Quel bonheur ! quelle joie indicible de pouvoir dire tous ensemble en face de l'horrible fléau : Vaincre ou mourir !

Puis, après cet élan de cœur, dans lequel un souvenir de la famille a percé, il redouble d'audace. Avec quelle adresse, quelle promptitude, il fait manœuvrer les pompes, et ces tubes libérateurs, sous le commandement et la direction d'un chef, comme lui plein d'énergie, d'ardeur, de tact, d'intelligence ; ce chef comprend au premier coup d'œil ce qu'il faut abandonner à la flamme, ce qu'il faut lui ravir et lui arracher ; de quel côté, surtout, il faut concentrer ses forces, diriger les secours.

L'incendie est éteint, le monstre est vaincu. Le sapeur-pompier *discipliné*, obéissant à son chef, attend des ordres et les remplit avec une obéissance passive. Il quitte le lieu du sinistre où il reste, selon l'urgence. Celui-là qui, après la victoire, désobéit à son chef, est un mauvais pompier. La modestie grandit le sapeur. Presque toujours une partie de la compagnie se détache et s'en retourne sous le commandement d'un chef; quelquefois, dans cette circonstance, on entend des murmures, on rencontre même des hommes qui refusent d'obéir... En ce cas, le chef est affranchi de toute responsabilité, et si, après des ordres donnés, un malheur survient, une tuile tombe sur la tête d'un récalcitrant, la faute incombe au blessé, et l'intérêt que l'on a toujours pour un sapeur blessé tourne à la plaisanterie; rarement on est sensible à ce malheur qui en est toujours un. Ces hommes-là sont ordinairement des pompiers de parade.

Les hommes désignés pour rester sur le lieu de l'incendie doivent veiller attentivement au dernier râle du mourant; quelquefois on l'a vu se relever et étendre ses bras enflammés sur les débris fumants, les raviver et continuer ses ravages.

Il faut que le sapeur-pompier demeure en sentinelle vigilante, attentive, la lance à la main, auprès des débris entassés et à demi éteints, prêt toujours à frapper un dernier coup sur le monstre étendu. Il faut qu'il surveille, qu'il épie la longue agonie de cet ennemi perfide, jusqu'à ce qu'il ait exhalé son dernier souffle.

Il rentre alors sous son toit, où sa femme bien aimée l'attend avec une anxieuse impatience; elle sourit de bonheur, elle verse des larmes de joie en le revoyant sain et sauf. Ses petits enfants l'entourent, et eux aussi ils veulent, par leurs caresses, par leurs doux embrassements, célébrer le retour de leur père qui les embrasse en pleurant.

Touchante scène, qui réclamerait une plume plus exercée que la mienne pour peindre mieux ce tableau de famille.

Le jour paraît, et le courageux pompier, brisé de fatigue, reprend ses travaux ordinaires, sans pouvoir, la plupart du temps, et sans songer à reposer ses membres endoloris. Ne faut-il pas gagner le pain de la journée? Et ces petits anges qui hier l'embrassaient, ne faut-il pas qu'ils mangent aujourd'hui?

Mais c'est surtout en hiver que le métier de sapeur-pompier est pénible, car il faut alors braver, pour ainsi dire, tous les éléments à la fois. Qui d'entre vous ne se rappelle ces effroyables incendies que nous avons eus dans la vallée, dans les communes voisines et même à la ville? Nous avons tous rivalisé de zèle, nous avons tous fait notre devoir, tous nous n'avons fait que ce que notre conscience, notre dévouement et l'honneur nous imposaient.

Ici le capitaine Lebon raconte l'horrible incendie de Moscou. Il explique comment Alexandre Ier donna l'ordre à Rostopchil qui commandait la place, de mettre le feu aux quatre coins de la ville. Il explique toute l'horreur de cet infernal désordre. Jamais, dit-il, jamais semblable spectacle ne se montrera aux yeux des humains? Jamais au monde, dans les siècles passés, dans les siècles à venir, l'homme ne sera témoin d'un spectacle semblable, et surtout des misères, des malheurs qui ont surgi après ce cataclisme.

Oh! mes enfants! s'écria le capitaine, priez Dieu que jamais la France n'ait plus de douleurs semblables à déplorer.

Je remercie Dieu d'avoir vécu assez pour voir la France vengée par ses nombreuses victoires : Napoléon III a effacé par son génie et par la gloire qu'il a acquise à la France, tous les revers de cette mémorable époque.

Rendons grâce à Dieu! Nous sommes encore et nous serons toujours le premier peuple du monde!

Mais revenons à notre sujet, et achevons de parler de nos braves sapeurs-pompiers.

Quelle est la gloire, quelle est la récompense du sapeur-pompier quand il a accompli sa mission, qu'il a fait une belle, une noble action?

Le journal de l'arrondissement, comme on pourrait dire, par exemple, la *Presse Vosgienne* de Mirecourt, racontera :

« Dans l'incendie terrible qui a brûlé 17 maisons de la plus importante commune de la vallée d'Arol, la compagnie des sapeurs-pompiers de Poussay a rivalisé de zèle avec celles de Mazirot, Ambacourt, Thiraucourt, Baudricourt, et de toutes les communes voisines. Le sieur Michaud, sergent de pompiers, y a trouvé la mort ; il laisse quatre enfants dans la misère. Le sieur Béguet, Louis, caporal, a été retiré des flammes ; ses blessures sont mortelles. Le sieur Bachelier a été atteint par une poutre ; sa vie est en danger. Masson a eu la jambe cassée ; Joseph Belliard a reçu plusieurs contusions. Dix autres pompiers, dont nous ferons connaître les noms, se sont comportés d'une manière admirable ; quelques-uns d'entre eux ont été blessés. »

Voilà la gloire, voilà la récompense ! et quand, par une médaille, l'Administration vient récompenser le zèle, le dévoûment d'un sapeur-pompier, oh ! alors, c'est le comble du bonheur. C'est le jour où cette marque de dévoûment est placée sur le cœur du sapeur-pompier qu'il donnerait sa vie pour son semblable:...

C'est en ce jour qu'on reconnaît l'ouvrier, l'artisan, le père de famille : c'est à cette occasion qu'on peut juger de la valeur de l'homme véritablement sapeur-pompier. Aussi, on peut le dire, cet homme aime la discipline.

Maintenant, voyez les sapeurs-pompiers sous les armes, un jour de fête, pour une cérémonie qui réclame leur présence : quelle belle et sévère tenue ! on dirait de vieux soldats chargés d'anciennes campagnes ! Ah ! c'est que dans les rangs figurent quelques-uns de ces vieux militaires ; c'est ce qui fait la gloire des compagnies ; c'est aussi ce qui inspire le devoir et fait respecter la discipline.

Nous terminerons, mes chers amis, en vous disant ce que doit faire le chef d'une compagnie.

Le chef d'une compagnie doit, dans toutes les manœuvres, mêler l'agréable à l'utile ; les exercices doivent varier. A quoi sert la manœuvre des pompes si elle est toujours la même ? N'est-ce pas là le vrai moyen de jeter le découragement parmi les hommes ?

Le sapeur-pompier est généralement avare de son temps, et il a raison ; le temps c'est de l'argent, et il est père de famille.

Comme sapeur-pompier, il le donne à discrétion dans un incendie ; dans les manœuvres, il le donne à regret si on ne l'instruit pas. Il restera sur la brèche deux jours sans se plaindre ; à la manœuvre, si elle n'est pas exécutée théoriquement, il ne donnera pas une heure sans murmurer... Il a raison, il est l'ennemi du ridicule, et c'est s'y jeter que d'aller sur un champ de manœuvre *trisser* de l'eau, après avoir fait tant d'apprêts, de bruit, de parade.

Variez, chefs, variez vos exercices; montrez du nouveau à chaque manœuvre, et vos hommes, qui sont de bons et grands enfants, se rendront exactement à vos ordres en assistant aux manœuvres du dimanche matin. Seulement, faites en sorte de vous y prendre à l'aube du jour, parce que le pompier est comme l'hirondelle, il aime à chanter le lever du soleil et à remplir ses devoirs de chrétien et de père de famille.

La visite du matériel, au magasin des pompes, doit aussi être l'objet des soins incessants du chef de la compagnie.

Il se défend mal quand il dit : j'ai donné un ordre à un tel, c'est lui qui a la surveillance du matériel.

Vous vous trompez, chefs qui parlez ainsi, vous êtes seuls responsables ; chaque semaine au moins vous devez vous assurer de la bonne tenue et surtout de l'excellent état de votre matériel, qui doit toujours être prêt.

L'immense matériel de guerre qu'il a fallu pour la guerre de Crimée a été embarqué en trois jours ; seriez-vous assez plaisant pour en demander quatre pour faire sortir une pompe de votre magasin, parce qu'il aurait fallu la faire raccommoder juste à l'heure du danger? Y aurait-il des chefs qui seraient de cette force? mon Dieu, mais l'incendie de Salin ou de Moscou ne serait plus qu'un feu de cheminée près des sinistres qu'occasionneraient une semblable pénurie, une négligence aussi coupable. Nos villes et nos campagnes auraient le temps de brûler.

Lorsqu'un citoyen est choisi par l'Administration pour commander une compagnie, il doit, si cette compagnie est dans un mauvais état, la relever, et si elle lui est remise en bon état, il doit la maintenir et faire tous ses efforts pour l'empêcher de tomber; c'est un devoir auquel il s'engage le jour où il prête serment.

Pour atteindre ce but, il faut qu'il sache se faire respecter; il doit maintenir une ferme et sage discipline, et en tout, montrer le bon exemple, ne jamais parader, et se dévouer aux intérêts, à la conservation des propriétés et de la vie de ses concitoyens.

DÉVOUEMENT! ABNÉGATION! DISCIPLINE!

HUITIÈME LECTURE

XVI

La Gymnastique et l'Orphéon

Nous sommes la santé du corps
et la santé de l'esprit.

La moralité est la première condition du bonheur d'un peuple, c'est-à-dire d'une nation, d'un pays ; on peut même dire que c'est la gloire et le bonheur d'une ville, d'un village, de la famille.

Qu'était donc l'artisan il y a 30 ou 40 ans ? que faisait-il ? quelle était sa destinée ?

Travailler, travailler, beaucoup travailler ; boire, boire, boire encore : il est vrai que, comme aujourd'hui, il mangeait, il dormait, et là se bornaient les jouissances de la vie ; mais comme la nourriture et le sommeil sont des actes purement nécessaires à l'existence et qu'il ne faut pas en faire une jouissance, si le bonheur de la vie était dans le travail pour quelques-uns, pour beaucoup la joie, le bonheur, le bien-être, toutes les jouissances possibles se trouvaient dans la dive bouteille et l'abrutissement dans le fond.

C'était donc au cabaret que l'artisan trouvait tous ses plaisirs; c'était dans les bouges mal aérés où la classe laborieuse perdait les heures qu'elle dérobait au travail ou au repos.

L'ouvrier, à cette époque déjà éloignée de nous, allait au cabaret, y absorbait des liquides malsains, des alcools mêlés de substances qui brûlent le sang, tuent le courage et pervertissent la raison.

Tous ces poisons existent encore aujourd'hui, toutes ces habitudes ne sont pas encore abandonnées par la jeunesse; on boit, on fume, mais, si le mal existe, nous avons à côté le remède, l'*Orphéon* et le *Gymnase*, ces deux beaux enfants, fils de la Moralité, de la Force et de la Santé.

Quand l'ivrogne sortait du cabaret, qu'il avait assez bu pour être ivre, assez joué pour n'avoir plus une obole, il rentrait chez lui avec un désespoir brutal, toujours tourné contre sa laborieuse compagne et contre ses bons petits enfants auxquels il montrait l'exemple le plus hideux du genre humain : *l'ivrognerie*.

Et, pour calmer cette brute, la mère et les enfants s'approchaient et hasardaient une parole, une caresse, un baiser..., mais en échange de ces chrétiennes démonstrations, honteux de n'avoir pas un sou à donner à sa pauvre femme, la honte poussait cet ivrogne à la rage, et les coups s'en suivaient.

Alors la grande misère du jour laissait entrevoir une plus grande misère encore pour le lendemain.

Et les enfants et la mère ne soupaient pas !...

Aujourd'hui on ne voit plus ces scènes que dans les villes où la charité publique répand sans discernement ses largesses et les dons particuliers.

Ainsi donc je ne crains pas de dire que les aumônes, les charités mal faites, sont causes de bien des malheurs.

Je pourrais vous citer un ouvrier qui fait rarement une semaine complète; il a pour lit une toile d'emballage dans laquelle se trouve un peu de menue paille; le lit de ses enfants est tout à fait semblable, à part que la paille menue est convertie en fumier.

La femme de cet homme, de cet ouvrier, infatigable travailleur, est sans cesse à se plaindre, à demander, elle obtient des secours qu'elle ne mérite pas, car elle boissonne et entraîne son mari à la débauche.

Pourquoi secourir de pareilles gens ?...

C'est aider la paresse.

Conservons donc nos charités pour d'humbles ouvriers quand ils sont sans ouvrage, ou pour des vieillards, et surtout pour ceux qu'on appelle les *pauvres honteux*.

Que les personnes qui sont chargées de distribuer les aumônes s'adressent aux patrons avant de faire la charité à leurs ouvriers.

Ces sortes d'aumônes entretiennent la débauche, font haïr le travail et déserter l'atelier : c'est une honte pour l'ouvrier de recevoir, une grave faute pour la main qui donne et une insulte révoltante contre le chef d'atelier !...

Ces tristes scènes d'intérieur que je signalais tout à l'heure, alarmantes pour l'avenir et pour l'honneur des ouvriers rangés et économes, étaient fréquentes, très-fréquentes; aujourd'hui, c'est en chantant que l'artisan rentre chez lui, le cœur gai, content, satisfait de sa journée, qui a commencé par le travail, s'est continuée par les chants et finira par la prière !

Et pourquoi ce changement? Je veux bien vous le dire, mais vous le savez aussi bien que moi, c'est que l'*Orphéon* a remplacé le cabaret.

Quelques remueurs d'idées et de choses entreprirent d'opposer des réunions morales aux rassemblements déplorables du cabaret, et au souffle bienfaisant de ces hommes d'initiative naquit cette grande et nationale institution : l'*Orphéon*.

Ce que la musique a si bien commencé, la *Gymnastique* l'achèvera.

Quel est mon but aujourd'hui, c'est de fonder dans notre vallée ce qui s'établira d'une manière générale dans toutes les communes de France, grandes et petites, un Gymnase où tous les habitants pourront s'exercer et principalement les enfants de nos écoles.

A l'usage de la gymnastique, nous devrons certainement bientôt une augmentation de la durée moyenne de la vie, et une diminution sensible sur le nombre de nos petits enfants faibles et rachitiques.

Nous avons trop besoin qu'une nouvelle génération saine et virile vienne faire oublier la phase honteuse de ramollissement que nous traversons en ce moment.

L'étude de la gymnastique n'a pas pour but de transformer tous les citoyens en hercules ou en danseurs de corde. C'est avant tout une question d'hygiène et de répartition harmonique des forces.

Le travail nous fait aimer Dieu, la patrie, la famille ; il chasse de notre cœur toutes les mauvaises passions ; il nous procure toutes les jouissances de la vie ; il nous ennoblit ; il nous place au niveau de tous les hommes, n'importe quel rang ils occupent ; il nous donne le droit d'être fier du titre d'*ouvrier*.

Le travail nous donne la santé et la force, car

le travail est la gymnastique de l'esprit et du corps.

Il y a cependant quelques métiers qui ont le triste privilége d'être nuisibles au développement du corps et de l'esprit. Tout le monde ne peut pas être maçon, charpentier, menuisier, laboureur, états où l'homme agit continuellement, où le corps est toujours en mouvement, les membres agissant en tous sens, c'est une gymnastique naturelle ; mais le tailleur, le bureaucrate et beaucoup d'autres ont des états où le corps reste dans la même position pendant des heures entières : aux premiers la force, la santé ; aux seconds une débilité inévitable.

Pour obvier à ces graves inconvénients et mettre au même niveau tous les Français, sous le rapport de la santé et de la force, n'attendons pas l'époque où l'homme est formé ; entrons à l'école ; prenons les plus jeunes enfants sans nous inquiéter du métier qu'ils choisiront, de la carrière qu'ils embrasseront : militaires, avocats, notaires, hommes de plume, ouvriers de la terre ou du marteau, prenons toute notre jeune génération, créons des gymnases, élevons des trapèzes, varions nos exercices, donnons-leur en réalité un cachet d'utilité incontestable et d'agrément, entraînons notre jeunesse à ces réunions où l'exemple de la charité, de l'ordre, de l'hygiène, du travail, de la bonne tenue sera donné chaque jour ; faisons aimer à nos enfants cette école de la force et de la santé ; faisons-nous un devoir sérieux d'arrêter le mal qui grandit et qui, comme la pieuvre étreint l'aventureux baigneur, s'attache à notre génération étiolée.

Faisons des hommes, pétrissons cette matière molle et flasque ; que les nerfs de caoutchouc se transforment en nerfs d'acier : la chose est facile.

Associons-nous et travaillons à la régénération de nos enfants ; rendons-leur cette force, cette santé, cette taille, cette agilité de nos pères ; souvenons-nous que les Gaulois faisaient de la gymnastique, et qu'ils sont pour nous le symbole de la force et de la santé.

Quel est l'homme qui oserait mettre en question l'utilité de la gymnastique? La gymnastique, c'est le mouvement, la vie, c'est un des grands moyens employés par la nature pour assurer la conservation et l'accroissement des forces physiques, non-seulement chez les animaux, mais aussi chez l'espèce humaine à laquelle sa manière de vivre la rend plus nécessaire encore.

La forte stature du Grec, du Romain et du Gaulois n'était due qu'à la gymnastique dont ces peuples faisaient grand usage.

Des écoles de gymnase étaient ouvertes partout, et partout aussi on rencontrait des écoles de natation, et l'hygiène était rigoureusement observée.

Les formes athlétiques de ces races qui ont disparu ne sont-elles pas étalées sous nos yeux dans les musées par la peinture et la sculpture? L'histoire ne nous apprend-elle pas que tel peuple était supérieur à tel autre, parce que le plus fort faisait de la gymnastique?

Lisez le vieux poète Busée : il vous dira que la Gaule possédait des âmes intrépides et des corps propres à la guerre : pourquoi ? Parce que les Gaulois faisaient de la gymnastique une pratique journalière, comme aujourd'hui nos soldats font l'exercice.

Il ne faudrait cependant pas abuser de la gymnastique. Il suffit d'adopter tout ce qui peut développer les formes, donner de l'agilité et de la force, tendant à la guérison des infirmités corporelles. Il ne faut pas adopter les exercices dangereux, tels que la voltige, c'est-à-dire la gymnastique scénique ou funambulique, civile ou industrielle. Il y a encore d'autres exercices que nous devons éloigner de nous, ne sortons pas du cercle que la raison indique et que la prudence commande : de la Gymnastique hygiénique, ne sortons pas de là, c'est le moyen de faire venir à nous tous les petits enfants et de gagner la confiance des parents.

Les luttes de force et de certaines adresses dangereuses doivent être bannies; ces exercices ne peuvent produire aucun adoucissement dans les mœurs, au contraire, une sorte de rudesse et de grossièreté serait le résultat de semblables exercices.

Exercices élémentaires, mouvements gradués des extrémités supérieures, accompagnés de différents rhythmes pour apporter de la régularité et de l'ensemble dans les mouvements, et de chants pour développer la voix, neutraliser les effets de la fatigue et donner une direction morale aux élèves.

Voilà succinctement ce que j'entends par gymnase; je repousserai toute tentative qui pourrait introduire dans nos contrées tout autre exercice que celui qui peut développer les forces sans compromettre un instant la tranquillité des familles, la vie, la santé et l'éducation des enfants.

Marcher, courir, sauter, monter, franchir sont des exercices que l'on peut varier à l'infini; l'art des équilibres a sa place aussi; la natation est au premier rang dans un autre ordre d'études.

Plus qu'un petit mot pour faire comprendre l'utilité de la gymnastique, écoutez-moi, et que votre attention veuille bien s'arrêter devant l'exemple que je vais vous donner.

Il y a quelque temps, je lisais dans un journal qu'un nommé THIBAUT, caporal des sapeurs-pompiers de Paris, s'était immortalisé en sauvant des flammes une femme dans des circonstances qui paraissaient impossibles.....

Qu'aurait fait cet homme de cœur, avec son dévouement sublime qui a étonné toute l'Europe et l'a fait frémir d'admiration?

Rien... Rien... SANS LA GYMNASTIQUE.

En effet, le courage et le dévouement ne suffisent pas toujours dans de pareils sauvetages, il faut encore du sang-froid et de l'agilité.

Le brave Thibaut est aujourd'hui chevalier de la Légion d'honneur; c'est une récompense bien méritée et qui a comblé de satisfaction tous les nobles cœurs qui ont été témoins de ce sauvetage périlleux.

NEUVIÈME LECTURE

XVII

De l'existence de Dieu

Tout nous le révèle.

Il faudrait un bien gros volume pour contenir toutes les lectures choisies que M. Lebon avait recueillies. Nous espérons les publier un jour.

Ce qui va suivre prouvera que cet excellent homme butinait partout où il trouvait des choses que le peuple ne connaît pas assez : ainsi, quel est l'ouvrier qui pourrait se flatter d'avoir lu les auteurs qui ont écrit sur l'existence de Dieu ? Il en est peu ; tous croient sincèrement à un Dieu créateur, présent partout ; mais cette croyance naturelle, le capitaine Lebon désirait la fortifier par des écrits, et c'est à Chateaubriand, Mgr de Ségur, Mgr Maret, le R. Père Gratry, Massillon, Fénélon et Voltaire qu'il empruntait les belles choses qui suivent :

Il est un Dieu ; les herbes de la vallée et les cèdres de la montagne le bénissent, l'insecte bourdonne ses louanges, l'éléphant le salue au lever du jour, l'oiseau le chante dans le feuillage, la foudre fait éclater sa puissance, et l'Océan déclare son immensité. L'homme seul a dit : Il n'y a point de Dieu.

Il n'a donc jamais, celui-là, dans ses infortunes, levé les yeux vers le ciel, ou, dans son bonheur, abaissé ses regards vers la terre ? La nature est-elle si loin de lui qu'il ne l'ait pu contempler, ou la croit-il le simple résultat du hasard ? Mais quel hasard a pu contraindre une matière désordonnée et rebelle à s'arranger dans un ordre si parfait ?

Ceux qui ont admis la beauté de la nature comme preuve d'une intelligence supérieure auraient dû faire remarquer une chose qui agrandit prodigieusement la sphère des merveilles : c'est que le mouvement et le repos, les ténèbres et la lumière, les saisons, la marche des astres, qui varient les décorations du monde, ne sont pourtant successifs qu'en apparence, et sont permanents en réalité. La scène qui s'efface pour nous se colore pour un autre peuple ; ce n'est pas le spectacle, c'est le spectateur qui change.

Ici le temps se montre à nous sous un rapport nouveau ; la moindre de ses fractions devient un *tout complet*, qui comprend tout, dans lequel toutes choses se modifient, depuis la mort d'un insecte jusqu'à la naissance d'un monde ; chaque minute est en soi une petite éternité. Réunissez donc en un même moment, par la pensée, les plus beaux accidents de la nature, supposez que vous voyez à la fois toutes les heures du jour et toutes les saisons, un matin de printemps et un matin d'automne, une nuit semée d'étoiles et une nuit couverte de nuages, des prairies émaillées de fleurs, des forêts dépouillées par les frimats, des champs dorés par les moissons : vous aurez alors une idée juste du spectacle de l'univers. Tandis que vous admirerez ce soleil qui se plonge sous les voûtes de l'Occident, un autre observateur le regarde sortir des régions de l'aurore. Par quelle inconcevable magie ce vieil astre qui s'endort fatigué et brûlant dans la poudre du soir, est-il en ce moment même ce jeune astre qui s'éveille humide de rosée dans les voiles blanchissantes de l'aube? A chaque moment de la journée le soleil se lève, brille à son zénith, et se couche sur le monde ; ou plutôt nos sens nous abusent, et il n'y a ni orient, ni midi, ni occident vrai. Tout se réduit à un point fixe d'où le flambeau du jour fait éclater à la fois trois lumières en une seule substance. Cette triple splendeur est peut-être ce que la nature a de plus beau ; car, en nous donnant l'idée de la perpétuelle magnificence et de la toute-puissance de Dieu, elle nous montre aussi une image éclatante de sa glorieuse Trinité.

Un bon petit garçon de cinq ou six ans était en train de déjeûner sous les yeux de sa mère ; il trempait très-consciencieusement dans un œuf à la coque, bien frais et cuit à point, les petites mouillettes de pain que lui taillait sa maman.

— Sais-tu, mon enfant, lui demanda celle-ci, qui a fait cet œuf que tu manges ?

— Oui maman, répondit le petit bonhomme, c'est la poulette blanche que vous m'avez donnée.

— Et la poulette blanche, d'où est-elle sortie ?

— D'un autre œuf.

— Et cet autre œuf, qui l'a fait ?

— Eh ! dit l'enfant en riant, c'est une autre poule.

— Et cette autre poule ?

— Eh bien, c'est encore un autre œuf, et toujours comme cela.

— Et le premier de tous les œufs, qui l'a fait ?

— Mais maman, c'est la première de toutes les poules.

— Très-bien, mais si c'est la première poule qui a fait le premier œuf, qui donc a fait la poule ?

L'enfant réfléchit un instant; et en bon petit philosophe, répondit à sa mère : « C'est le bon Dieu. »

Que répondre autre chose, en effet? Qu'on le veuille, ou qu'on ne le veuille pas, comme il est certain qu'un œuf ne peut se faire sans poule, et qu'une poule ne peut sortir que d'un œuf, il faut bien arriver à une première poule qui ait pondu le premier œuf. Or, cette première poule, qui l'a faite, si ce n'est l'Etre tout-puissant qui a tout fait, tout créé de rien, et qu'on appelle Dieu?

Il suffit donc d'un œuf pour établir l'existence d'un Dieu, et cela à la barbe de tous les raisonneurs, de tous les beaux esprits, de tous les journaux, de tous les impies.

Mes amis, il est un grand nom dans le langage humain : ce nom, le premier son de l'âme, ce nom répété par tous les échos des âges, sur tous les points de l'espace et du temps, a toujours retenti au fond de la conscience humaine. Ce nom, toujours transmis par la tradition, a le pouvoir d'exciter, d'éveiller l'idée latente au fond de la conscience : ou plutôt, à l'instant même où le son ébranle l'organe extérieur de l'audition et devient perceptible à l'âme, aussitôt un rayon de l'éternelle vérité frappe celle-ci, la pénètre et fait luire au milieu de ses ténèbres cette grande lumière de l'idée divine. Quand ma bouche prononce le nom de Dieu, vous vous représentez aussitôt l'être éternel, infini, immuable, se suffisant pleinement à lui-même ; souverainement intelligent, sage et bon ; cause suprême et fin dernière de tout ce qui est. Et avec quelle facilité cette idée ne s'empare-t-elle pas de votre raison. C'est à la fois la plus sublime et la plus simple ; c'est l'idée qui se trouve dans l'intelligence du pâtre comme dans celle du philosophe ; c'est l'idée que l'enfance reçoit avec une merveilleuse docilité dès qu'elle est capable de raison, et que l'âge mûr médite sans pouvoir l'épuiser. Cette idée est le fond de l'intelligence humaine ; sans elle il n'y a pas de raison, sans elle nous ne pouvons rien concevoir ; sans elle nous ne pouvons penser, nous ne pouvons parler ; en la niant, nous l'affirmons. Toutes nos notions de vérité, de bonté, de beauté reposent sur elle, nous mènent à elle. Cette idée est la lumière de l'âme, l'air qu'elle respire, la vie qui circule en elle et l'anime.

On ne peut concevoir le monde tout seul, on ne peut concevoir le monde sans Dieu. Dans l'effort fait pour arriver à cette conception, les pensées se confondent, le vertige s'empare de la raison qui n'aboutit qu'au chaos et au néant. Non, nous ne pouvons rien comprendre sans l'idée de Dieu ; et toutes les fois que nous nous adressons ces formidables questions : Existe-t-il quelque chose ? comment existe-t-il quelque chose? pourquoi existe-t-il quelque chose? Si Dieu n'est pas la réponse à ces questions, si elles ne nous mènent pas à Dieu, la raison se suicide; une orgueilleuse et affreuse misère devient son partage et son châtiment.

L'éternité divine aussi devient facile à concevoir. La substance divine, étant un acte immanent et immuable, ne peut connaître ni passé, ni présent, ni futur; la mesure du temps est absolument incapable à l'infini; l'éternité seule est son mode de durée.

Enfin, l'immensité divine est une conséquence de l'infinité et de la simplicité de l'Être divin. Qu'y a-t-il hors de l'infini? rien, l'infini remplit tout; et comme la simplicité de l'Être divin ne permet pas de séparer l'action divine de la substance même, il est nécessaire de conclure que Dieu est substantiellement présent partout. Telle est l'idée de l'immensité divine.

J'avoue, toutefois, qu'il y a une ombre dans le tableau, et comme une continuelle contradiction qui jette beaucoup d'hommes dans le doute. Cette ombre, cette contradiction, c'est la mort. La mort empoisonne tout et détruit tout, la mort tient en échec tout le reste et anéantit tous les dons de Dieu. Où est alors la Providence? où est le Père? Car, par la mort, son œuvre est nulle. Oui, si la mort est le néant. Mais si elle est l'immortalité, comme l'affirme la vie que nous portons en nous, et qu'il faut croire plutôt que cette ombre inconnue qui nous effraie, alors, tout au contraire, la mort n'est plus qu'un dernier trait ajouté à la perfection du tableau. Elle est le trait qui explique tout et qui justifie tout ; elle devient la lumière qui transfigure l'ensemble et lui donne un sens éternel ; car elle est dans l'œuvre de Dieu ce qu'est la vie de mon intelligence et de mon cœur, cet acte principal de ma raison et de ma volonté, qui, pour entrer dans l'infini de Dieu, comme s'exprime Fénélon, brise et sacrifie, par le secours de Dieu, les limites de mon intelligence et de ma liberté.

Qu'est-il besoin, mon Dieu, de vaines recherches et de spéculations pénibles pour savoir ce que vous êtes ! Je n'ai qu'à lever les yeux en haut ; je vois l'immensité des cieux, qui sont l'ouvrage de vos mains, ces corps de lumière qui roulent si régulièrement et si majestueusement sur nos têtes, et auprès desquels la terre n'est qu'un atome imperceptible. Quelle magnificence, grand Dieu ! Qui a dit au soleil : Sortez du néant, et présidez au jour ; et à la lune : Paraissez, et soyez le flambeau de la nuit ? Qui a donné l'être et le nom à cette multitude d'étoiles qui décorent avec tant de splendeur le firmament, et qui sont autant de soleils immenses attachés chacun à une espèce de monde qu'ils éclairent? Quel est l'ouvrier dont la toute-puissance a pu opérer ces merveilles, où tout l'orgueil de la raison éblouie se perd et se confond? Eh! quel autre que vous, souverain Créateur de l'univers, pourrait les avoir opérées? Seraient-elles sorties d'elles-mêmes du sein du hasard et du néant?

Qu'on parcoure jusqu'aux extrémités les plus reculées de la terre et les plus désertes, la magnificence des cieux annonce votre gloire, comme dans les régions les plus habitées et les plus connues. Nul lieu dans l'univers, quelque caché qu'il soit au reste des hommes, ne peut se dérober à l'éclat de votre puissance, qui brille au-dessus de nos têtes, dans ces globes lumineux qui décorent le firmament. Voilà, grand Dieu, le premier livre que vous avez montré aux hommes, pour leur apprendre ce que vous étiez.

Je ne puis ouvrir les yeux sans admirer l'art qui éclate dans toute la nature. Le moindre coup d'œil suffit pour apercevoir la main qui fait tout.

Jetons les yeux sur cette terre qui nous porte, regardons cette voûte immense des cieux qui nous environnent, et ces astres qui nous éclairent. Un homme qui vit sans réflexion, ne pense qu'aux espaces qui sont auprès de lui ou qui ont quelque rapport à ses besoins. Il ne regarde la terre que comme le plancher de sa chambre, et le soleil qui l'éclaire pendant le jour que comme la bougie qui l'éclaire pendant la nuit. Ses pensées se renferment dans le lieu étroit qu'il habite. Au contraire, l'homme accoutumé à faire des réflexions étend ses regards plus loin, et considère avec curiosité les abîmes presque infinis dont il est environné de toute part. Un vaste royaume ne lui paraît alors qu'un petit coin de terre; la terre elle-même n'est à ses yeux qu'un point dans l'univers, et il admire de s'y voir placé, sans savoir comment il y a été mis.

C'est du sein inépuisable de la terre que sort tout ce qu'il y a de plus précieux. Cette masse informe, vile et grossière, prend toutes les formes les plus diverses, et elle seule donne tour à tour tous les biens que nous lui demandons. Cette boue si sale se transforme en mille beaux objets qui charment les yeux. En une seule année, elle devient branches, boutons, feuilles, fleurs, fruits et semences, pour renouveler ses libéralités en faveur des hommes. Rien ne l'épuise; plus on déchire ses entrailles, plus elle est libérale. Après tant de siècles, pendant lesquels tout est sorti d'elle, elle n'est point encore usée. Elle ne ressent aucune vieillesse : ses entrailles sont encore pleines des mêmes trésors. Mille générations ont passé dans son sein. Tout vieillit, excepté elle seule, elle rajeunit chaque année au printemps. Elle ne manque pas aux hommes, mais les hommes insensés se manquent à eux-mêmes en négligeant de la cultiver. C'est par leur paresse et par leurs désordres qu'ils laissent croître les ronces et les épines en la place des vendanges et des moissons. Ils se disputent un bien qu'ils laissent perdre.

Consultez Zoroastre, et Minos, et Solon,
Et le sage Socrate, et le grand Cicéron ;
Ils ont adoré tous un maître, un juge, un père :
Ce système sublime à l'homme est nécessaire ;
C'est le sacré lien de la société,
Le premier fondement de la sainte équité,
Le frein du scélérat, l'espérance du juste.
Si les cieux, dépouillés de leur empreinte auguste,
Pouvaient jamais cesser de la manifester ;
Si Dieu n'existait pas, il faudrait l'inventer.
Que le sage l'annonce, et que les grands le craignent.
Non, si vous m'opprimez, si vos grandeurs dédaignent
Les pleurs de l'innocent que vous faites couler,
Mon vengeur est au ciel : apprenez à trembler.

DIXIÈME LECTURE

XVIII

La divinité du Christ d'après Napoléon Ier

Deus sum!

M. Lebon a assez vécu pour pouvoir défendre, dans la vallée d'Arol, la Vérité attaquée par le mensonge. Il a voulu, par la bouche de Napoléon Ier, donner des preuves de la Divinité du Christ. L'opinion du César moderne, du prisonnier de Sainte-Hélène, vaut bien celle du libre-penseur.

Tout le monde connaît Napoléon Ier comme héros; mais qu'il est peu connu comme penseur! Et cependant son génie, sous ce rapport, frappe d'étonnement quiconque s'en approche et l'interroge. L'histoire de ses idées est plus merveilleuse encore que celle de ses campagnes. Quelle lucidité, quelle droiture, quelle élévation et surtout quelle vaillance dans sa pensée? Comme il culbutte les bataillons de l'erreur et de la sophistique! Et quand on réfléchit au temps où il est né, où il a vécu, à l'atmosphère de matérialisme qui l'enveloppa dès sa jeunesse, ainsi qu'aux hommes avec lesquels il fût obligé de vivre, on mesure avec surprise la distance immense qu'il y avait entre lui et son siècle.

Que ceux qui nous taxeraient d'exagération écoutent cette grande voix, qui, du rocher de Sainte-Hélène, chante un sublime *hosanna !* au Christ, et burine sa foi dans les pages immortelles qui vont suivre. — Voici :

« Il est vrai que le Christ propose à notre foi une série de mystères. Il commande avec autorité d'y croire, sans donner d'autre raison que cette parole formidable : *Je suis Dieu.*

» Sans doute il faut la loi pour cet article-là, qui est celui duquel dérivent tous les autres. Mais le caractère de la divinité une fois admis, la doctrine chrétienne se présente avec *la précision et la clarté de l'algèbre, il faut y admirer l'enchaînement et l'unité d'une science.*

» Appuyée sur la Bible, cette doctrine *explique le mieux les traditions du monde ;* elle les éclaircit, et les autres dogmes s'y rapportent étroitement comme les anneaux scellés d'une même chaîne. L'existence du Christ, du bout à l'autre, est un tissu merveilleux, j'en conviens ; mais le mystère répond à des difficultés qui sont dans toutes les existences. Rejetez-le, et le monde est une énigme ; acceptez-le, et vous avez une admirable solution de l'histoire de l'homme.

» Le Christianisme a un avantage sur tous les philosophes et sur toutes les religions ; les chrétiens ne se font pas illusion sur la nature des choses. On ne peut leur reprocher ni la subtilité, ni le charlatanisme des idéologues qui ont cru résoudre la grande énigme des questions théologiques avec de vaines dissertations sur les grands objets. Insensés dont la folie ressemble à celle d'un enfant qui veut toucher le ciel avec la main, ou qui demande la lune pour son jouet ou sa curiosité !

» Le Christianisme dit avec simplicité : « Nul homme n'a vu Dieu si ce n'est Dieu. — Dieu a révélé ce qu'il était ; sa révélation est un mystère que la raison ni l'esprit ne peuvent concevoir. Mais puisque Dieu a parlé, il faut y croire ; cela est d'un grand bon sens.

» *L'Evangile possède une vertu secrète, je ne sais quoi d'efficace, une chaleur qui agit sur l'entendement et qui charme le cœur ; on éprouve à le méditer ce qu'on éprouve à contempler le ciel. L'Evangile n'est pas un livre,* c'est un être vivant avec une action, une puissance qui envahit tout ce qui s'oppose a son

EXTENSION. Le voici sur cette table, ce livre par excellence (et ici l'Empereur le toucha avec respect), je ne me lasse pas de le lire, et tous les jours avec le même plaisir.

» Le Christ ne varie pas, il n'hésite jamais dans son enseignement, et *la moindre affirmation de lui est marquée d'un cachet de simplicité et de profondeur qui captive l'ignorant et le savant*, pour peu qu'ils y prêtent leur attention.

Nulle part on ne trouve cette série de belles idées, de belles maximes morales QUI DÉFILENT COMME LES BATAILLONS DE LA MILICE CÉLESTE, et qui produisent dans notre âme le même sentiment que l'on éprouve à considérer l'étendue infinie du ciel resplendissant, par une belle nuit d'été, et l'éclat des astres.

» Non-seulement notre esprit est préoccupé, *mais il est dominé* par cette lecture, et jamais l'âme ne court le risque de s'égarer avec ce livre.

» Une fois maître de notre esprit, l'Evangile captive notre cœur. Dieu même est notre ami, notre père, et *vraiment notre Dieu*. Une mère n'a pas plus soin de l'enfant qu'elle allaite. L'âme, séduite par la beauté de l'Evangile, ne *s'appartient plus ; Dieu s'en empare tout à fait;* il en dirige les pensées et les facultés ; ELLE EST A LUI.

» QUELLE PREUVE, PREUVE DE LA DIVINITÉ DU CHRIST ! Avec un empire aussi absolu il n'a qu'un seul but, l'amélioration spirituelle des individus, la pureté de la conscience, l'union à ce qui est vrai, la sainteté de l'âme!

» Enfin, et c'est mon dernier argument, il n'y a pas de Dieu dans le Ciel si un homme a pu concevoir et exécuter avec un plein succès le dessein gigantesque de dérober pour lui le culte suprême, en usurpant le nom de Dieu. Jésus est le seul qui l'ait osé. Il est le seul qui ait affirmé imperturbablement et dit clairement, en parlant de lui-même : « *Je suis Dieu.* » Ce qui est bien différent de cette affirmation : « Je suis un Dieu, » ou de cette autre : « Il y a des dieux. » L'histoire ne mentionne aucun autre individu qui se soit qualifié lui-même de ce titre de Dieu dans le sens absolu. La fable n'établit nulle part que Jupiter et les autres dieux se soient jamais divinisés. C'eût été de leur part le comble de l'orgueil, et une monstruosité, une extravagance absurde. C'est la postérité, ce sont les héritiers des premiers despotes qui les ont déifiés. Tous les hommes étant d'une même race, Alexandre a pu se dire le fils de Jupiter. Mais toute la Grèce a souri de cette supercherie; et de même l'apothéose des empereurs romains n'a jamais été une chose sérieuse pour les Romains. Moïse,

Mahomet et Confucius se sont donnés simplement pour des agents de la divinité. La déesse Egérie de Numa n'a jamais été que la personnification d'une inspiration puisée dans la solitude des bois. Les dieux Brahma, Wisnou, de l'Inde, sont une invention psychologique.

» Comment donc un Juif, dont l'existence historique est plus avérée que toute celle des temps où il a vécu, lui seul, fils d'un charpentier, se donne-t-il tout d'abord pour Dieu même, pour l'Etre par excellence, pour le Créateur des êtres. Il s'arroge toute sorte d'adorations. Il bâtit son culte de ses mains, non avec des pierres, mais avec des hommes. On s'extasie sur les conquêtes d'Alexandre. Eh! bien, voici un conquérant qui confisque à son profit, qui unit, qui incorpore à lui-même, non pas une nation, mais l'espèce humaine. QUEL MIRACLE! L'âme humaine, avec toutes ses facultés, devient une annexe de l'existence du Christ.

» Et comment? par un prodige qui surpasse tout prodige. Il veut l'amour des hommes, c'est-à-dire ce qu'il y a de plus difficile au monde d'obtenir : ce qu'un sage demande vainement à quelques amis, un père à ses enfants, une épouse à son époux, un frère à son frère, en un mot, le cœur : c'est là ce qu'il veut pour lui; il l'exige absolument, et il réussit tout de suite. J'en conclus sa divinité. — Alexandre, César, Annibal, Louis XIV, avec tout leur génie, y ont échoué. Ils ont conquis le monde, et ils n'ont pu parvenir à avoir un ami. Je suis peut-être le seul de nos jours qui aime Annibal, César, Alexandre. Le grand Louis XIV, qui a jeté tant d'éclat sur la France et dans le monde, n'avait pas un ami dans tout son royaume, même dans sa famille. Il est vrai, nous aimons nos enfants. Pourquoi ? Nous obéissons à un instinct de la nature, à une volonté de Dieu, à une nécessité que les bêtes elles-mêmes reconnaissent et remplissent ; mais combien d'enfants qui restent insensibles à nos caresses, à tant de soins que nous leur prodiguons ! combien d'enfants ingrats ! Vos enfants, général Bertrand, vous aiment-ils ? vous les aimez, et vous n'êtes pas sûr d'être payé de retour... Ni vos bienfaits, ni la nature, ne réussiront jamais à leur inspirer un amour tel que celui des chrétiens pour leur Dieu ! Si vous veniez à mourir, vos enfants se souviendraient de vous en dépensant votre fortune, sans doute ; mais vos petits enfants sauraient à peine si vous avez existé... Et vous êtes le général Bertrand ! et nous sommes dans une île, et vous n'avez d'autre distraction que la vue de votre famille !

Le Christ parle, et désormais les générations lui appartiennent par des liens plus étroits, plus intimes que ceux du sang, par une union plus intime, plus sacrée, plus impérieuse que quelque union que ce soit. Il allume la flamme d'un amour qui fait mourir l'amour de soi, qui prévaut sur tout autre amour.

A ce miracle de sa volonté, COMMENT NE PAS RECONNAITRE LE VERBE, CRÉATEUR DU MONDE ?

» Les fondateurs de religions n'ont pas même eu l'idée de cet amour mystique qui est l'essence du Christianisme, sous le beau nom de charité.

» C'est qu'ils n'avaient garde de se lancer contre un écueil ; c'est que, dans une opération semblable, *se faire aimer*, l'homme porte en lui-même le sentiment profond de son impuissance.

» Aussi le plus grand miracle du Christ, sans contredit, c'est le règne de la charité.

» Lui seul, il est parvenu à élever le cœur des hommes jusqu'à l'invisible, jusqu'au sacrifice du temps ; lui seul, en créant cette immolation, a créé un lien entre le ciel et la terre.

» Tous ceux qui croient sincèrement en lui ressentent cet amour admirable, surnaturel, supérieur, phénomène inexplicable, impossible à la raison et aux forces de l'homme, feu sacré donné à la terre par ce nouveau Prométhée, dont le temps, ce grand destructeur, ne peut ni user la force, ni limiter la durée..... Moi, Napoléon, c'est ce que j'admire davantage, parce que j'y ai pensé souvent, et C'EST CE QUI ME PROUVE ABSOLUMENT LA DIVINITÉ DU CHRIST.

» J'ai passionné des multitudes qui mouraient pour moi. A Dieu ne plaise que je forme aucune comparaison entre l'enthousiasme des soldats et la charité chrétienne, qui sont aussi différents que leur cause !

» Mais enfin il fallait ma présence, l'électricité de mon regard, mon accent, une parole de moi : j'allumais le feu sacré dans les cœurs. Certes, je possède le secret de cette puissance magique qui enlève l'esprit ; mais je ne saurais le communiquer à personne : aucun de mes généraux ne l'a reçu ou deviné de moi ; je n'ai pas davantage le secret d'éterniser mon nom et mon amour dans les cœurs, et d'y opérer les prodiges sans le secours de la matière.

» Maintenant que je suis à Sainte-Hélène.... maintenant que je suis seul et cloué sur ce roc, qui bataille et conquiert des empires pour moi ? où sont les courtisans de mon infortune ? pense-t-on à moi ? qui se remue pour moi en Europe ?

qui m'est demeuré fidèle? où sont mes amis?
Oui, deux ou trois que votre fidélité immortalise, vous partagez, vous consolez mon exil. »

(Ici la voix de Napoléon prit un accent particulier d'ironique mélancolie et de profonde tristesse).

« Oui, notre existence a brillé de tout l'éclat du diadème et de la souveraineté ; et la vôtre, Bertrand, réfléchissait cet éclat, comme le dôme des Invalides doré par nous réflète les rayons du soleil... Mais les revers sont venus ; l'or peu à peu s'est effacé. La pluie du malheur et des outrages dont on m'abreuve chaque jour en emporte les dernières parcelles. Nous ne sommes plus que le plomb, général Bertrand, et bientôt je serai de la terre.

» Telle est la destinée des grands hommes! telle a été celle de César et d'Alexandre, et l'on nous oublie! et le nom d'un conquérant comme celui d'un empereur n'est plus qu'un thème de collége ! Nos exploits tombent sous la férule d'un pédant qui nous insulte ou nous loue.

» Que de jugements divers on se permet sur le grand Louis XIV ! A peine mort, le grand roi lui-même fut laissé seul dans l'isolement de sa chambre à coucher de Versailles... négligé par ses courtisans, et peut-être l'objet de leur risée. Ce n'était plus leur maître ! c'était un cadavre, un cercueil, une fosse, et l'horreur d'une imminente décomposition.

» Encore un moment, — voilà mon sort, et ce qui va m'arriver à moi-même... Assassiné par l'oligarchie anglaise, je meurs avant le temps, et mon cadavre va aussi être rendu à la terre pour y devenir la pâture des vers.

» Voilà la destinée très-prochaine du grand Napoléon... Quel abîme entre ma misère profonde et le règne éternel du Christ prêché, aimé, adoré, vivant dans tout l'univers... Est-ce là mourir? n'est-ce pas plutôt vivre? Voilà la mort du Christ, VOILA CELLE DE DIEU. »

Vous venez d'entendre la voix du grand homme. C'est le comble de la puissance, de la gloire et du génie s'humiliant aux pieds du Christ, confessant son néant et reconnaissant dans le fils du charpentier le roi universel des âmes et le conquérant invincible du cœur des hommes. Lui qui avait mesuré toute l'étendue de la force humaine, contemplant la force sans intermittence du Christ, force victorieuse du temps, de l'espace, des passions et de la propre faiblesse de ses instruments, se sent vaincu lui-même et déclare au monde qu'il y a là quelque chose de supérieur et d'impossible à l'homme. Quel contraste entre ces pages pleines de loyauté, de bon sens et de génie, et les phrases tortueuses, prétentieuses, rusées, suant le travail de certain libre-penseur ! Et qu'on ne vienne pas chercher à atténuer ce magnifique témoignage en disant qu'il fut arraché par le malheur ou dicté par la politique. D'abord la ruse ne parle pas ce langage, ensuite il existe plusieurs lettres confidentielles de l'Empereur, qui ne laissent aucun doute sur la sincérité de ses sentiments religieux.

Et puis, bien loin de troubler la vue, le malheur l'éclaircit et nous rapproche de la vérité de tout le brisement des illusions.

Les grandes figures et les grands tableaux que M. Lebon faisait passer sous les yeux des habitants de la vallée d'Arol, étaient bien de nature à faire de ces heureux habitants des hommes d'un caractère tout autre que celui de ceux qui sont abandonnés à eux-mêmes. En effet, tous ceux qui assistaient aux lectures de M. Lebon réunissaient des qualités supérieures aux autres: tant il vrai que les bonnes lectures font les bons citoyens.

La lecture suivante, aussi bien que les précédentes, montrera une fois de plus que M. Lebon voulait qu'aucun de ses amis n'ignorât les causes et les effets de la stabilité de la Religion catholique, apostolique et romaine.

ONZIÈME LECTURE

XIX

Le Pape

> C'est un nom qui vivra autant que le monde.

La Papauté est la représentation de la souveraineté ecclésiastique ; c'est aussi l'expression la plus haute de l'unité chrétienne.

Jésus-Christ voulant réunir tous les hommes dans une même société spirituelle, et assurer à la société la force de l'unité hiérarchique, lui donna un chef. Ce chef de la société des âmes, c'est le Pape.

Un jour Jésus-Christ marchant sur les bords du lac de la Galilée, rencontra deux hommes. l'un d'eux s'appelait André, l'autre Simon.

Ils jetaient leurs filets dans la mer.

Jésus leur dit : « Suivez-moi, et je vous ferai pêcheurs d'hommes. » Et ils le suivirent.

A peu de temps de là, se tournant vers Simon, surnommé Pierre, Jésus lui dit : « Tu es Pierre et sur cette pierre je bâtirai mon Église, et les portes de l'enfer ne prévaudront point contre elle. Je te donnerai les clés du royaume du ciel. Tout ce que tu lieras sur la terre sera lié au ciel, et tout ce que tu délieras sur la terre sera délié dans le ciel. »

Ceci se passait, il y a plus de dix-huit siècles, dans une pauvre bourgade de la tribu de Nephtalie, vers les sources du Jourdain.

Le temps a marché.

Il a emporté dans sa fuite tout ce qui était alors, et tout ce qui a suivi.

Israël a vu consumer le temple et disperser ses pierres; Athènes a vu tomber l'Acropole; Rome a vu s'arrêter le cortége cinq fois séculaire des Césars, et pâlir la gloire de ses fières collines; l'empire a vu la grande inondation barbare. Les premières monarchies européennes ont passé. Le second empire romain a passé. Le régime féodal a passé. La monarchie française, la plus antique du monde, a disparu dans un jour d'orage, qui « emportait trois générations de rois. » Mais si je cherche dans le monde l'homme de Galilée, je le vois. Le voici : seul il a vécu :

Tous ses malheurs ont rehaussé sa gloire, tous ses ennemis ont affermi son piédestal. Tout ce qui détruit l'homme et ses ouvrages semble avoir été le complice de sa grandeur et de son immortalité. Le temps et la mort ont subi sa loi, et il est devenu ridicule de prophétiser sa fin parmi les hommes.

Tout ce qui a été grand dans le monde l'a rencontré sur son chemin. Tout ce qui l'a respecté a été béni de Dieu. Tout ce qui l'a persécuté a péri.

Prêtez l'oreille au bruit du monde. Ecoutez ! Qu'entendez-vous aujourd'hui parmi les hommes? Quel nom se trouve sur les lèvres, détesté ou béni? Quel objet occupe toutes les discussions, remplit les feuilles publiques, agite les conseils des souverains, inquiète les maîtres du monde ? De quoi parle-t-on dans les académies, dans les champs, dans les écoles, dans les ateliers ? On parle du Pape.

Il y a parmi nous des hommes qui ont dit publiquement et écrit plusieurs fois, que le catholicisme est mort. Ceux-ci passent en ce moment leur vie à discuter le Pape. Voilà des morts qui font beaucoup de bruit.

On ne saurait échapper à la singulière importance de ce signe. Il a été dit de Jésus : Voici celui qui est posé pour la ruine et la résurrection de beaucoup d'hommes; c'est un signe auquel on contredira : « *In signum cui contradicetur.* » Ces paroles prophétiques embrassent non-seulement la vie personnelle de Jésus, mais tout le développement de son œuvre divine, par conséquent son Eglise et son successeur immortel : le Pape.

Mais si le Pape est, comme le Christ, un signe auquel on contredira, il faut dire que la contradiction devienne à son tour un signe pour le Pape, et comme un caractère authentique de sa divine origine. Les siècles se divisent à ses pieds comme aux pieds de son divin maître, Jésus-Christ. Ils se séparent en deux fleuves, dont l'un marche à la ruine par la négation, et l'autre à la résurrection par le respect : « *In ruinam et in resurrectionem.* » Mais à aucun il n'est donné de passer sourd et aveugle devant l'homme auquel Dieu a confié la société des âmes ; il faut le voir et l'entendre ; et s'en aller ensuite pour le blasphémer, ou demeurer pour l'obéissance et l'amour.

C'est déjà un grand spectacle, digne des plus graves méditations, que celui que présente cette persistance absolue du Pape, à *être*, et à remplir le monde.

L'incrédulité ne sert ici de rien. Croyant ou incroyant, il faut bien s'arrêter devant cet être prodigieux, unique, incomparable, sans précédent, sans égal et sans exemple, qui domine l'histoire, fait retentir de soi toute la terre, regarde passer les siècles, triomphe de tous les destins contraires, survit à toutes les ruines, enterre tout ce qui l'outrage, grandit dans le malheur plus que dans la prospérité, et puise enfin dans la mort le principe d'une vie qui ne s'épuise point, et d'une jeunesse qui recommence toujours.

Encore une fois, l'incrédulité ne peut rien contre ce fait. C'est en vain qu'elle s'efforce de rejeter cette pierre immortelle ; une main plus forte que la sienne l'a placée à l'angle de l'édifice, et la merveille est sous nos yeux.

Cette lecture fut plusieurs fois interrompue par quelques questions sur différents points que les assistants désiraient approfondir, et que M. Lebon expliquait en termes qui ne laissaient plus de doute dans l'esprit de ces bons paysans.

DOUZIÈME LECTURE

XX

De la mendicité dans les communes

Travail pour la jeunesse,
Asile pour la vieillesse.

La lèpre de la mendicité est trop répandue dans nos campagnes, elle y a jeté des racines profondes. Parmi les nombreux abus qu'elle entraîne à sa suite, il en est plusieurs auxquels il est possible de remédier, nous les signalons.

Dans beaucoup de communes, il existe une ou deux maisons où les pauvres trouvent en tout temps un asile pendant la nuit. Ce sont ordinairement des propriétaires cultivateurs ou des fermiers qui, de père en fils, donnent ainsi le coucher dans leurs étables ou sur leurs fourrages aux malheureux qui le réclament. Non contents de se livrer à cet acte louable d'humanité, ils les admettent encore à leur foyer domestique, font sécher leurs vêtements et souvent même partagent avec eux le souper frugal de la famille. Ces hommes compatissants, lorsque les temps sont heureux, ne considèrent point comme un fardeau les services qu'ils rendent en cette occasion. Connaissant à peu près tous les indigents qu'ils reçoivent alors, les regardant en quelque sorte comme les habitants du logis, ils se trouvent suffisamment dédommagés par cette satisfaction intérieure qu'on éprouve toujours après une bonne action. Les campagnes sont assaillies par des mendiants de toute espèce, fort souvent par des escrocs qui spéculent sur la crédulité publique et parfois aussi sur la terreur qu'ils savent inspirer. La position des hôtes habituels des pauvres devient extrêmement fâcheuse, surtout dans la ferme. L'hospitalité qu'ils ont donnée jusqu'alors par compassion, leur est impérieusement demandée; et sous peine d'injures, de menaces, dans la crainte d'accidents graves, ils sont forcés de recevoir chez eux des inconnus, des hommes dangereux que la prudence leur commanderait de n'y point admettre, et que la prudence cependant les engage à ne pas refuser. Ils supportent ainsi le fardeau le plus pesant, l'impôt le plus onéreux, sans pouvoir s'y soustraire en aucune manière. Quelques maires et conseils municipaux ont si bien apprécié la situation fâcheuse où se trouvent les propriétaires qui logent les indigents, qu'ils ont pris sur eux de les dispenser de diverses charges communales et autres.

Cet état de chose mérite d'être pris en sérieuse considération, non pas seulement à cause du préjudice qu'il porte à beaucoup de personnes qui sont les victimes de leur bienfaisance et de leur générosité, mais encore parce qu'il enlève à la société les garanties qu'elle a droit d'attendre contre la fainéantise et le vagabondage. En effet, en laissant jouir de l'asile offert par les cultivateurs à tous les mendiants sans distinction, on accorde, d'une part, une prime à la paresse, et on s'expose, de l'autre, à voir réunis dans les lieux commodes pour eux, en dehors de l'action de la police, des malfaiteurs et des gens dangereux qui peuvent, à leur aise, s'y concerter et former des complots contre les personnes et les propriétés.

Mais comment remédier à un pareil mal ? Doit-on supprimer les asiles ? Non, sans doute. A l'époque où nous nous trouvons, ce serait un acte d'inhumanité blâmable. La mendicité étant encore une malheureuse nécessité de nos temps, il faut en subir les conséquences inévitables, il faut savoir concilier, avec ce qu'exige la sûreté publique et les droits de chaque citoyen, les égards qui sont dus à la faiblesse, à la maladie ou au malheur.

Que les personnes charitables qui logent habituellement les indigents veuillent bien encore continuer cette bonne œuvre pour laquelle elles méritent notre reconnaissance ; mais que leurs demeures ne soient ouvertes qu'à l'indigence véritable, reconnue telle par l'autorité, et qu'on en éloigne tous les parasites dangereux, l'effroi des fermes et des maisons isolées.

Un des moyens les plus sûrs d'éteindre la mendicité et le vagabondage, de parvenir à la connaissance des besoins réels de l'humanité souffrante, dont la part est trop souvent enlevée par le vice mendiant ou la paresse éhontée, c'est de former des associations de bienfaisance, auxquelles peuvent être appelées à participer toutes les personnes aisées d'une ville, ou même d'une campagne.

TREIZIÈME LECTURE

XXI
Usure dans les campagnes

> L'usure est représentée sous la forme d'une vieille et laide femme en guenilles assise sur un coffre-fort, tenant une bourse fermée dans ses mains.

L'usure est un des fléaux qui pèsent le plus sur nos villes et sur nos campagnes. Les villes présentent plus de ressources aux commerçants honnêtes, et l'instruction y étant plus généralement répandue, ce fléau y fait moins de ravages ; mais les habitants des campagnes peuvent difficilement échapper à ces dangers. C'est en vain que les lois prononcent des peines sévères contre les hommes qui se livrent à ce honteux et coupable trafic. Il faut qu'un usurier soit bien maladroit pour ne pas trouver les moyens de s'y soustraire. Dans les villes, la maison de prêt, qu'on nomme si improprement le Mont-de-Piété, et qui est la grande banque usuraire des classes pauvres, fait payer chèrement ses services, il est vrai ; mais enfin, quelque chers qu'ils soient, ils ne ruinent pas toujours ceux qui sont forcés d'y recourir, tandis que le malheureux cultivateur est en proie à un vampire qui ne le lâche qu'après avoir épuisé la dernière goutte du sang de sa victime.

Il nous a paru utile de dévoiler les manœuvres de ces artisans de misère, trop heureux si nos avis peuvent prémunir du danger quelques-uns de ces hommes laborieux auxquels l'Etat doit sa subsistance !

L'usurier des campagnes s'entend ordinairement avec un confrère, ou plutôt un compère. Il accueille le cultivateur qui a des besoins, lui témoigne ses regrets de n'avoir pas pour le moment à sa disposition des valeurs réalisées; il lui parle de la dureté des temps, et finit, après s'être bien assuré des ressources de l'emprunteur, par lui offrir de tirer, pour l'obliger, sur un ami. Il lui prend un fort intérêt pour un prêt en papier, et le compère en prend un égal pour l'escompter. A l'échéance, le malheureux ne peut pas payer; il aborde en tremblant, et un cadeau à la main, son redoutable créancier, qui, après s'être bien fait prier, avoir perçu d'énormes intérêts, renouvelle avec une feinte répugnance l'effet échu; et continue sa coupable manœuvre jusqu'au moment où sa créance peut absorber le capital de l'emprunteur. Alors une vente à réméré ou une expropriation forcée consomme la ruine de celui-ci.

Je ne saurais trop prémunir les habitants de la campagne contre les piéges que leur tend l'avidité de ces sangsues. Le travail et l'économie sont les meilleurs moyens de s'en garantir, mais si des malheurs imprévus les obligent à emprunter, et qu'ils ne trouvent pas un ami désintéressé pour les obliger, qu'ils s'abstiennent d'avoir recours aux usuriers; qu'ils mettent de côté une fausse honte, et ne craignent pas de s'adresser à un notaire et d'emprunter ostensiblement sur hypothèque, à un long terme, il est vrai, mais à un taux qui ne doit jamais dépasser cinq pour cent et la somme rigoureusement nécessaire à leurs besoins. Ce taux, joint aux frais d'actes et d'enregistrement, est encore bien élevé; mais enfin, il est moins fort que celui que leur arrachera l'usurier, et l'hypothèque même qui pèsera sur leur propriété sera un véhicule pour redoubler d'efforts et de travail, afin de parvenir à s'en affranchir un jour.

Le jour où le cultivateur entre chez un spéculateur, prêteur d'argent, usurier, avare, ou tous autres qui trafiquent sur l'or, pour leur demander un prêt, ce cultivateur est perdu! Fuyez, hommes du travail et de la peine, ces maisons de spéculations; si le riche y trouve l'entretien et l'augmentation de sa fortune, l'artisan n'y rencontre que la misère et la plus affreuse déception; fuyez, cultivateurs, les maisons de spéculation financière, ce n'est pas là qu'il faut vous adresser ; c'est au travail, à l'économie ; grattez la terre, redoublez de zèle, de courage et ne vous adressez jamais à l'homme *bienfaisant* qui vous prêtera de l'argent pour vous faire plaisir, à 6, 7. 8, 9, 10, 12 pour cent, ou bientôt vos champs, l'héritage de vos pères, seront vendus ; la misère est chose si affreuse !.....

QUATORZIÈME LECTURE

XXII

Le loyal Laboureur

> La vie champêtre, avec l'innocence et la pureté des mœurs, est la vie la plus douce et la plus heureuse.

Le loyal laboureur est un homme de parole.

Il acquitte ses dettes.

Il ne recule pas la borne qui sépare son champ d'un autre champ.

Il ne cherche jamais, dans ses rapports de voisinage, à midi quatorze heures.

Il exploite le domaine selon les conditions du bail.

Il rend au propriétaire une ferme améliorée.

Il ne fait pas sa part de produits plus forte et plus belle que celle de celui-ci.

De cent litres de vin, s'il cultive la vigne, il n'en fait pas deux cents, par un moyen connu de ceux qui ont de l'eau à leur disposition.

Il s'abstient du baptême de son lait.

Il ne veut pas d'une adjonction de farine à sa crême ou à son miel.

On cherche en vain un gros cailloux dans son pain de beurre.

Jamais poulet ne sort de ses œufs qui sont frais.

Sa botte de foin n'a pas un intérieur poudreux.

Il n'a pas, au cœur de sa botte de paille, un seul fêtu coupé par des dents de souris.

Le volume de sa voiture de bois n'a pas été doublé d'ingénieuses combinaisons.

Les dimensions de sa mesure témoignent de ses scrupules.

Ses poids en pierre valent les poids étalonnés.

A sa balance on reconnait qu'il a une conscience.

On ne le voit jamais, usurier déguisé, plumer la poule de manière à empêcher qu'elle crie.

QUINZIÈME LECTURE

XXIII

Entretien d'un Ouvrier et d'un Cultivateur sur les Sociétés de secours mutuels.

40 centimes épargnés par jour et placés à la Caisse d'épargne produisent au bout de 40 ans 10,029 fr.

L'ouvrier. — Eh bien, Nicolas, vous êtes-vous un peu occupé de l'affaire dont je vous ai parlé? Avez-vous trouvé quelques hommes disposés à vous aider, pour fonder, dans votre commune, une Société de secours mutuels comme celle qui existe chez nous?

Avez-vous lu et commenté, avec quelques amis, le règlement que je vous ai donné, et qu'en pensez-vous?

Le cultivateur. — Ma foi, mon cher, je n'ai guère eu le temps de faire des démarches; j'ai lu votre petit livre, je l'ai même prêté à mon voisin, qui m'a dit que la chose ne pouvait pas se faire, et je m'en suis tenu là.

L'ouvrier. — Vous me dites avoir lu nos statuts, votre voisin en a aussi pris connaissance, l'un comme l'autre vous avez pensé qu'il était inutile d'aller plus loin, et vous êtes restés inactifs ?

Voyez pourtant où mène l'indifférence ; s'il ne se trouvaient pas des hommes dévoués, nous resterions éternellement stationnaires, et l'ouvrier ne profiterait jamais des institutions créées pour améliorer sa position.

Personne n'admet, je suppose, que l'homme doive vivre en égoïste, ne penser qu'à lui, sans se préoccuper en quoi que ce soit du malheur des autres. La preuve en est dans cet empressement que nous trouvons chez tous, lorsqu'arrive un sinistre.

Que le feu prenne dans une maison, le premier mouvement de chacun est de courir où est le danger, pour sauver (quelquefois au risque de sa vie) la propriété d'une personne qui lui est la plupart du temps étrangère.

Ce que tout le monde fait dans cette circonstance, pourquoi ne pas le faire dans une autre ?

Nous ne reculons pas devant le péril pour préserver une propriété menacée par les flammes, et nous resterions indifférent lorsqu'ils s'agit de garantir de la ruine un homme atteint par la maladie !

L'ouvrier, qui n'a que ses bras pour toute ressource, comprendra combien il est important pour lui et pour les siens de s'assurer des secours et des soins pour le cas où la santé viendrait à lui faire défaut.

Sans être malades même, la plupart des travailleurs ne sont-ils pas exposés à des accidents qui peuvent les mettre dans l'impossibilité de travailler pour un temps plus ou moins long, et alors qu'arrive-t-il ?

Celui qui a pu faire quelques économies et qui a un peu d'avance est obligé de prendre dessus pour subvenir aux frais de la maison, et, lorsqu'il est guéri, il paie son médecin, puis les médicaments, heureux si la maladie n'a pas été trop longue, et s'il a pu se retirer de là sans contracter des dettes.

Mais voyez la situation d'un père de famille qui vit au jour le jour, lorsque la maladie vient l'assaillir. Outre le mal qu'il endure, il a encore des tourments qui l'accablent ; il s'endette avec le boulanger, parce qu'il faut nécessairement du pain pour ses enfants. Le médecin lui fait tous les jours une visite, qu'il faudra payer, ainsi que la note du pharmacien.

La position précaire dans laquelle il se trouve, et les dettes qui s'accumulent, sont pour lui des inquiétudes qui aggravent sa maladie, et, s'il ne succombe pas, il entre en convalescence, ayant devant lui une bien triste perspective.

Combien lui faudra-t-il de temps et de privations pour s'acquitter ?

Le cultivateur. — Ce que vous dites là est bien vrai, mais comment s'y prendre pour garantir tout le monde de la maladie et de la misère ?

L'ouvrier. — Entendons-nous ; si, comme vous me le dites, vous avez lu attentivement le règlement que je vous ai prêté, vous avez dû remarquer qu'il n'est nullement question de garantir des maladies.

Nous donnons des secours en argent aux malades. Nous payons le médecin.

Nous les visitons pour les consoler et les encourager.

Nous les veillons pour les soulager ; et s'ils viennent à succomber, nous leur rendons les derniers devoirs en les accompagnant au champ du repos, et nous payons les frais funéraires.

Il y a même des Sociétés qui peuvent secourir les veuves et les orphelins ; la nôtre, dans quelques années, servira des pensions de retraite à ceux de ses membres qui seront incapables de travailler.

Le cultivateur. — Oui, tout cela est bien facile à dire, mais pour le faire, c'est autre chose.

L'ouvrier. — Si je n'étais pas habitué depuis longtemps à entendre raisonner ainsi, je vous avoue que je serais surpris de voir douter de la possibilité d'une chose qui existe pourtant à votre porte sans que vous y ayez jamais songé.

Notre Société de secours mutuels fonctionne depuis 14 ans ; elle a rendu des services importants, personne ne peut le contester.

A son début, elle était considérée comme impossible ; beaucoup de personnes, qui en font actuellement partie, tenaient le même langage que vous, la chose leur semblait impraticable, mais, aujourd'hui, les faits sont là pour prouver le contraire :

Plus de dix mille francs d'argent payés aux malades ;

Les visites de médecins soldées par la Société.

Et six mille francs placés en caisse, voilà le résultat matériel.

L'institution des Sociétés de secours mutuels a aussi son côté moral.

L'obligation de visiter les malades, les réunions pour les assemblées générales, procurent aux hommes l'occasion de se connaître, de s'apprécier et de s'estimer.

Vous conviendrez avec moi que de tels avantages valent bien la peine qu'on s'en occupe.

Le cultivateur. — C'est vrai, mais comment

faire pour fonder une Société dans un petit endroit comme le nôtre ? personne ne voudra s'en occuper, et, si j'en parle à quelqu'un, je suis presque certain d'être tourné en ridicule.

L'ouvrier. — Je sais par expérience qu'il est presque impossible d'obtenir un bon résultat à la première tentative, mais sachez bien aussi qu'aujourd'hui vous trouverez un appui dans la personne de votre maire.

L'Empereur désire voir des Sociétés de prévoyance dans toutes les communes ; l'autorité locale doit seconder le gouvernement et aider les hommes de cœur qui prendront l'initiative.

Ceci dit, il ne faut que de la persévérance.

Commencez donc par faire lire notre règlement à quelques hommes de bon sens, demandez ensuite à M. votre maire l'autorisation de vous réunir, et priez-le de présider votre réunion, à laquelle vous ferez la proposition d'établir une Société de secours mutuels comme celle dont vous connaissez le règlement (sauf les modifications qui vous sembleront utiles pour votre localité).

Ayez soin de faire remarquer aux personnes qui vous prêteront leur concours, que ce n'es point un essai que vous voulez tenter, la chose ayant été expérimentée depuis longtemps par vos voisins.

Rien n'est plus simple, d'ailleurs, et plus praticable que la mutualité.

Les charges sont légères, en comparaison des avantages qu'elles procurent; quatre ou cinq centimes par jour suffisent pour assurer à celui qui est malade des secours en argent pendant six mois.

Lorsque vous aurez fait comprendre cela à une douzaine d'hommes, constituez votre Société, le nombre des associés augmentera peu à peu, et dans quelques années les riches comme les pauvres participeront à cette œuvre, à laquelle personne ne peut rester indifférent.

Coyez-moi donc, Nicolas, commencez sans retard les premières démarches; vous rencontrerez beaucoup de tiédeur chez la plupart des gens, mais n'importe; que rien ne vous arrête, soyez persévérant et vous arriverez au but.

L'Association est la grande route de la Fraternité.

Comme je vous l'ai dit, mon expérience est à votre service; appelez-moi si vous pensez que je puisse vous être utile, et soyez persuadé que vous me trouverez toujours prêt et heureux de pouvoir coopérer à la fondation d'une Société utile à tout le monde.

Nos campagnes, si délaissées autrefois, sont aujourd'hui l'objet de la sollicitude la plus paternelle de la part du gouvernement. Ces soins affectueux porteront leurs fruits sous le rapport de la religion, de la justice, de l'instruction, de la morale et de tous les progrès qui émanent de ces grandes artères de la civilisation : je veux parler des visites des évêques dans les plus petites paroisses; des préfets et autres fonctionnaires dans les plus petites communes.

MM. les curés, maires, instituteurs pourront, en ce qui les concerne, faire profiter tous les habitants de ces grandes faveurs, de ces visites fréquentes de l'autorité, qui ne peuvent qu'être utiles à tous et porter dans les campagnes la foi, l'instruction, l'ordre, l'économie, l'amour du travail et tous les sentiments propres à faire aimer, chérir le toit paternel, et faire germer dans le cœur de chacun les mœurs les plus honnêtes, les plus douces, les plus nobles.

XXIV

Situation heureuse de la vallée

M. Lebon laissait partout des traces de ses bienfaits; la fortune qu'il tenait de l'héritage de M. Daniel diminuait chaque jour. Il avait créé un hôpital et une maison de refuge pour les vieillards infirmes; il avait consacré une somme importante au reboisement de coteaux incultes au profit des communes pauvres et sans revenus. Il avait répandu un grand nombre de livrets de Caisse d'épargne, en forme d'encouragement, aux élèves studieux et aux ouvriers laborieux.

Plusieurs maisons d'école avaient été construites dans la vallée, et, peu partisan de la gratuité pour tous de l'enseignement, il avait donné le conseil aux maires d'être très-larges dans l'admission gratuite des enfants pauvres dans les écoles, et très-sévères pour la rétribution des familles aisées. Chaque semaine, le lundi matin, il faisait une distribution régulière de plumes, cahiers, encre, livres et toutes fournitures d'écoles aux enfants pauvres et assidus, dont les parents se faisaient remarquer par leur bonne conduite et par l'accomplissement parfait de leurs devoirs de citoyens et de chrétiens.

Les habitants aisés se faisaient un plaisir de payer l'écolage et de fournir à leurs enfants tout ce qui leur était nécessaire.

M. Lebon créa aussi une salle d'asile, où tous les petits enfants, sans distinction de rang et de fortune, allaient puiser les premières connaissances et recevoir les soins des bonnes sœurs, qui étaient aussi pour eux de bonnes mères.

Cette heureuse vallée réunissait tout ce qui pouvait procurer le bien-être à ses habitants.

M. Lebon avait, par ses soins, attiré d'excellents ouvriers de toute nature, et tous ces corps d'état étaient organisés de manière à produire à bon marché et à vendre dans des conditions très-avantageuses.

Des cordonniers, des tailleurs, des maréchaux, des menuisiers, des peintres, des serruriers, des maçons, des charpentiers étaient toujours occupés ; des boutiques d'épicerie, où l'on trouvait tout ce qui était nécessaire aux ménages, étaient ouvertes. Tous les commerces, modestement établis, faisaient parfaitement honneur à leurs affaires.

Dans ces derniers temps, M. Lebon avait fait

ouvrir une boucherie de viande de cheval, et tous les habitants des environs et même ceux de la ville, venaient acheter de cet excellent aliment qui affranchissait de la misère quantité de pauvres familles.

Comme à la ville, le devant des maisons était toujours bien balayé, et pas un fumier n'encombrait la voie. Les façades des maisons blanchies uniformément, les toitures recouvertes de tuiles rouges plates, au milieu de la verdure, offraient à la vue, du haut des collines, un panorama charmant.

Disons avec empressement que M. Lebon était bien compris par beaucoup d'hommes de cœur, qui avaient voulu le seconder autant par amour du bien que par l'entraînement et l'exemple du capitaine.

Les jours de fêtes religieuses, un saint respect animait toute la population. Les dimanches tous les offices étaient fréquentés généralement, et toujours avec un saint recueillement. Le curé, en chaire, éprouvait la plus grande satisfaction, la plus douce jouissance : il était écouté, on suivait ses conseils, et tous les paroissiens aimaient leur bon curé, sévère quand il le fallait, tolérant comme il faut l'être lorsqu'on a des consciences honnêtes à diriger.

Les cabarets n'étaient pas en grand nombre

dans la vallée, et ils étaient tenus par des gens qui ne spéculaient pas sur la santé et la bourse des habitants. On se faisait un devoir de fermer ces établissements pendant les offices.

On ne voyait point de ces fumeurs dégoûtants qui, une courte pipe à la bouche, fument, fument toujours, empoisonnent leurs voisins en s'empoisonnant eux-mêmes, car la pipe est un désœuvrement qui ne nuit pas seulement à la bourse, mais encore à la santé, et d'une manière compromettante pour soi et pour ses descendants, surtout pour ceux qui abusent du tabac.

M. Lebon, aidé de l'instituteur, avait bien fait sentir aux enfants que si la pipe est nuisible à la santé, elle l'est d'une manière alarmante pour les études; aussi les élèves des écoles de la vallée ne se permirent jamais de toucher à une pipe, et tous se déclarèrent ennemis de l'abus du tabac.

Plusieurs primes furent accordées à des personnes qui, par leur concours, déterminèrent des fumeurs à abandonner cette funeste habitude.

La terre est une bonne mère, disait sans cesse M. Lebon, elle est inépuisable; ne laissez aucun terrain en friche, cultivez sans cesse, plantez, plantez toujours.

Il ne faut pas planter seulement pour soi,

mais aussi pour les générations futures. Sully, le ministre de Henri IV, était un homme d'État de la plus haute valeur ; c'est à lui que nous devons les gros et grands arbres qui ombragent les promenades de certaines villes. C'est lui qui a donné l'exemple aux grands propriétaires de planter ces beaux arbres qui décorent et ombragent si bien les avenues des châteaux. C'est un exemple qu'il ne faut pas laisser tomber ; il faut que dans cette vallée le plus petit coin de terre rapporte, et c'est une offense faite à Dieu que de négliger de tirer profit de la terre, puisque c'est de la terre que *tout ce qui existe* provient.

LE LABOUREUR ET SES ENFANTS

  Travaillez, prenez de la peine :
  C'est le fond qui manque le moins.
Un riche laboureur sentant sa mort prochaine,
Fit venir ses enfants, leur parla sans témoins.
Gardez-vous, leur dit-il, de vendre l'héritage
  Que nous ont laissé nos parents ;
  Un trésor est caché dedans.
Je ne sais pas l'endroit ; mais un peu de courage
Vous le fera trouver ; vous en viendrez à bout.
Remuez votre champ dès qu'on aura fait l'août :
Creusez, fouillez, bêchez, ne laissez nulle place
  Où la main ne passe et repasse.
Le père mort, les fils vous retournent le champ,
Deçà, delà, partout ; si bien qu'au bout de l'an
  Il en rapporta davantage.
D'argent, point de caché. Mais le père fut sage
  De leur montrer avant sa mort
  Que le travail est un trésor.

SEIZIÈME LECTURE

XXV

Danger des démissions de biens

Se démettre de ses biens d'une manière absolue en faveur de ses enfants, est un acte dont on a presque toujours à se repentir. Devenu vieux, le père de famille fait l'abandon de tous ses biens, sous la seule réserve d'une rente viagère : cette rente est quelquefois si faible qu'elle suffit à peine aux premiers besoins de la vie; et on rencontre des enfants assez ingrats pour en trouver le fardeau trop lourd et en négliger le paiement..... J'ai vu un malheureux père de famille, vieux, infirme, et qui après avoir possédé beaucoup de biens qu'il avait partagés à ses enfants, je l'ai vu oublié, outragé par eux, je l'ai vu réduit à aller demander à l'un et à l'autre les ressources nécessaires à son existence ; et ils le supportaient avec peine !....

Une démission de biens qui met les parents à

la disposition des enfants, qui les place dans la nécessité de leur tendre la main pour réclamer une rente, c'est la dégradation, c'est la chute de l'autorité paternelle, de cette autorité autrefois si formidable et qui est une des pierres angulaires de l'édifice social, de cette autorité qu'il est de l'intérêt de la morale et de celui des familles de rendre forte et respectable !

A la vérité, souvent les partages anticipés sont des actes nécessaires, indispensables même à l'union et à la concorde des familles. Ils évitent des discussions qu'un père sage et prévoyant empêche par des dispositions bien combinées, et quelquefois même par le seul ascendant de sa présence.

On sait aussi qu'il est du devoir des pères et mères de secourir leurs enfants, de les aider, de leur donner les moyens de s'établir, chacun selon sa fortune; mais il faut le faire sans se dépouiller totalement, sans se mettre dans la nécessité de tenir de ses enfants sa propre subsistance.

Si donc les circonstances exigent de la part des pères et mères un abandon de biens, ils agiront sagement de ne le faire que partiel, ou, en tous cas, de se réserver l'usufruit de tout ou partie de ces biens, au lieu d'une pension viagère, afin de ne jamais être sous la dépendance de ses enfants qui sont trop souvent d'assez mauvais payeurs envers leur père et mère. Il en est qui travaillent moins, une fois qu'ils ont le bien de leurs parents. Ceux qui sont portés à la dépense et au désordre deviennent dissolus, et finissent par arracher à la bonté de ceux de qui ils tiennent tout, la permission de vendre et le désistement de leur privilége.

Combien il est plus sage et plus prudent de conserver son indépendance et ses ressources ! Par là on se conserve le respect et l'attachement de ses enfants; on est pour eux une seconde providence, et on peut, dans les pertes, dans les calamités qui leur arrivent, venir à leur secours, les soulager; le peu qu'on leur donne alors leur fait un plus grand bien, leur procure un plus grand plaisir qu'une donation considérable faite sans opportunité.

Toutefois les enfants bien élevés sentiront combien est grande la bonté, la tendresse, l'abnégation des pères et mères qui, bien avant de quitter la vie, se dépouillent de leurs biens, se privent du nécessaire pour améliorer la position de leurs enfants; et ces enfants, loin d'être ingrats, redoubleront de vénération et d'attachement pour ce bon vieillard courbé sous le poids du travail, pour cette tête à cheveux rares et blanchis à qui ils doivent tout; pour cette excellente mère qui les a nourris de sa substance et qui sur la fin de son existence consent à s'imposer les plus dures privations et achève le sacrifice d'une vie toute de dévouement et d'affection en faveur des êtres à qui elle donna le jour.

Le respect seul que l'on doit à la vieillesse devrait suffire pour empêcher les moindres irrévérences envers des pères et mères qui, après avoir épuisé leurs forces par le travail, se dépouillent en faveur de leurs enfants.

Chez les peuples anciens, dans les temps héroïques, on avait pour les vieillards une estime si profonde, qu'elle leur assignait les premiers rangs dans les assemblées publiques; que les jeunes gens ne se couvraient jamais en leur présence et qu'ils se permettaient à peine de les interroger.

A l'un des jeux olympiques de la Grèce, toutes les places étaient occupées; un vieillard arrive et cherche à se placer. Aussitôt tous les jeunes gens et la plupart des hommes se levèrent et lui offrirent leurs places. Des battements de main sans nombre éclatèrent à l'instant, et le vieillard attendri s'empressa de rendre hommage aux sentiments de bienséance et d'honnêteté qui animaient les Lacédémoniens.

Nous rencontrons tous les jours dans notre

vallée de ces exemples qui honorent notre jeunesse ; grâce à son amour pour le bien, grâce à la bonne éducation que tous ces bons enfants reçoivent et qu'ils savent mettre à profit, ils donneront l'exemple de la politesse et du respect à la jeunesse de nos vallées voisines.

Un langage poli, dégagé de mensonges, de ces mots durs et grossiers, de ces jurons qui blessent trop souvent les oreilles dans les campagnes, surtout aux époques des travaux, est bien plus favorable aux bonnes mœurs, au bonheur de la vie champêtre, bien plus en rapport avec l'air pur qu'on respire au village, avec la sérénité du ciel, les occupations naturelles du premier de tous les arts, créé par Dieu lui-même. C'est pour cela aussi que le blasphème contre Dieu, contre son nom trois fois saint, est un crime, qu'on ne saurait flétrir avec trop de force et d'énergie.

Montrons l'exemple de la tempérance, et notre langage sera doux et tempéré, nous serons en paix avec tout le monde, nous ne maltraiterons pas les animaux soumis à notre empire. Soyons sobres, bannissons sévèrement l'ivrognerie, ce vice honteux qui ravale l'homme au-dessous de la brute, qui anéantit nos facultés et finit par nous rendre inaptes à l'administration de nos affaires.

Respectons la propriété d'autrui, les limites de nos voisins; c'est le moyen de faire respecter les nôtres. Que la justice n'ait jamais besoin d'intervenir pour vider nos contestations; soyons justes et de bonne foi. Lorsque nous avons tort, sachons en convenir; éloignons de notre esprit cet entêtement de l'amour-propre qu'un fol orgueil engendre, et nous éviterons les dissentions toujours si pénibles, les procès toujours si fâcheux et si importuns, et qui fomentent et perpétuent les haines dans les familles. Le meilleur procès est une mauvaise affaire.

Le cultivateur doit se rendre compte des produits et des dépenses de son exploitation; le bon ordre, l'avenir de sa famille le demandent. L'utilité d'une comptabilité régulière pour chaque cultivateur est incontestable et nous ne saurions trop la recommander.

DIX-SEPTIÈME LECTURE

XXVI

Utilité d'une comptabilité régulière pour le cultivateur

En général, les cultivateurs ne se rendent pas un compte exact de leur exploitation, de leurs produits agricoles et de leurs dépenses : on ne trouve souvent chez eux aucune trace de comptabilité. Tous n'ont pas même de registres un peu présentables pour inscrire les comptes des domestiques et des gens de journées; trop ordinairement, ce sont des feuilles volantes sans ordre et sans régularité, ou de simples ardoises sur lesquelles on dépose à la craie toute espèce de compte; souvent même ces comptes sont inscrits sur des armoires, des volets ou des poutres au grenier.

Ce défaut de comptabilité est une lacune dans les maisons du cultivateur; une comptabilité exacte est l'histoire de la famille; toutes les opérations qui se font, les événements qui arrivent dans la maison nécessitant une recette ou une dépense, une acquisition, une vente ou un échange, il y a lieu de l'inscrire et d'en conserver le souvenir; souvenir utile et précieux à plus d'un titre!

Avec une comptabilité régulière, on évite les erreurs dans les relations d'affaires, et par suite les discussions, les procès que ces erreurs entraînent, que la mauvaise foi embrouille et envenime.

Connaître et avoir toujours présents à l'esprit sa situation, ses ressources, les progrès de sa fortune pour en jouir et l'augmenter encore, sa décadence pour y porter remède et changer des opérations stationnaires ou ruineuses, sont des avantages que la comptabilité seule offre à l'homme intelligent et probe.

Aujourd'hui que l'agriculture prend son essor et s'élève au rang que lui a assigné le Créateur; qu'outre la culture des terres, elle embrasse la nourriture, l'élève du bétail; que, donnant la main à l'industrie, sa sœur, elle devient le charme et l'occupation d'hommes instruits et éclairés; il est bon; il est nécessaire qu'elle ajoute à ses immenses ressources, les règles de la comptabilité.

La comptabilité doit aider aux progrès de l'agriculture. Les remarques écrites et les incontestables chiffres démontreront mathématiquement par quels moyens, par quelles voies l'agronome grandit et prospère. Ses enfants et petits enfants marcheront sur ses traces et mettront à profit ses observations. Après quelques années de tenue de livres ils verront à quelle époque de l'année il est généralement plus avantageux de vendre le produit de ses récoltes, quel genre de culture, quelle nature de céréales, quelle espèce de bétail ont été les plus productifs et les plus profitables.

On peut dire aussi que la comptabilité a un but de moralité : elle oblige à des habitudes d'ordre, d'exactitude et de régularité qui favorisent singulièrement les principes d'une bonne conduite.

Dans les liquidations de communautés et de successions, on sait les difficultés qu'on éprouve pour fixer les reprises et les remplois ; il faut se livrer à des recherches de titres longues et coûteuses, souvent imparfaites ou stériles. Combien de fois des femmes, des enfants mineurs, des familles sont victimes de la négligence, d'une mémoire fugitive, de soustractions, de dissimulations de prix dans les ventes d'immeubles ! Injustice que l'on éviterait par une bonne comptabilité.

Outre ces avantages, on ne peut se dissimuler qu'une comptabilité bien établie doit agréablement charmer les loisirs du cultivateur, lorsque, retenu chez lui dans les temps de pluies et pendant l'hiver, il s'occupe à régulariser par écrit ses opérations, à les coordonner, à lire dans le présent et à prévoir dans l'avenir sa position et celle de sa famille, et qu'il entrevoit les projets qu'il pourra réaliser un jour dans l'intérêt et pour l'établissement de ses enfants. L'utilité, les avantages, l'agrément de la comptabilité sont incontestables.

En tous cas, il est indispensable qu'une comptabilité quelconque soit adoptée par le cultivateur. On ne saurait trop l'engager aussi à faire des observations sur la température des diverses saisons, et à les consigner par écrit. Ces remarques auraient de grands avantages. Les années se ressemblent plus ou moins; après une certaine période, les mêmes symptômes de chaud ou de froid, de pluies ou de vents, aux mêmes époques de l'année, amènent des résultats identiques, de sorte que très-souvent on peut prévoir, sinon d'une manière tout à fait exacte, au moins d'une manière approximative, par ce qui est arrivé, les variations dans les denrées soit en maturité, soit en qualité ou en abondance. On conçoit dès lors ce que ces prévisions peuvent avoir d'avantageux pour l'administration de la ferme, combien elles doivent utilement influer sur les déterminations et la conduite du laboureur, en ce qui concerne la nourriture de son bétail, la quantité qu'il doit conserver, la vente et les époques de vente de ses produits industriels et naturels (1).

(1) Un traité spécial avec des modèles de comptabilité pour le cultivateur, se trouve à la Librairie des Livres utiles, rue Cassette, 17, à Paris, et à Mirecourt.
Une édition in-8° de l'ouvrage renferme les explications et les modèles de cette comptabilité, qu'on a tâché de rendre aussi simple que facile. Prix : 1 fr. 50 c.

DIX-HUITIÈME ET DERNIÈRE LECTURE DE M. LEBON

XXVII

Ses opinions politiques

Je suis né dans cette commune il y a bien des années, c'était en 1779. Le bon Dieu m'a fait la grâce de dépasser l'âge ordinaire de la vie, ce qui m'a permis de voir passer bien des générations, naître et mourir un grand nombre d'habitants de cette vallée, c'est vous dire, mes amis, que j'ai connu vos aïeux les plus anciens.

Je me rappelle avoir entendu raconter dans ma jeunesse, chez mon bienfaiteur, M. Daniel, par un vieillard qui avait vu et connu Louis XIV, des choses merveilleuses sur le règne de ce monarque. Ce règne a été le plus long et l'un des plus glorieux de notre histoire.

Ce prince a partagé avec d'autres conquérants la gloire des armes; mais il en est une qui lui fut toute personnelle, c'est celle d'avoir protégé et fait fleurir les arts, les sciences et le commerce.

L'immortalité du règne de Louis XIV est due certainement à une foule extraordinaire de grands hommes qui s'attachèrent au trône et qui lui restèrent fidèles :

Catinat, Condé, Créqui, Luxembourg, Vauban, Turenne, Vendôme, Villars, furent ces héros guerriers qui servirent de boucliers à Louis XIV, que l'on vit toujours à la tête de ses troupes ;

Contre les escadres ennemies luttèrent constamment et vaillamment Duguay-Trouin, Duquesne, Jean-Bart, Tourville ;

Les sages conseillers du roi, d'Aguesseau, Colbert, Lamoignon, Louvois, Molé et Torcy, ministres aussi habiles que dévoués ;

Bourdaloue, Fléchier et Massillon, par leur éloquence religieuse, n'inspiraient-ils pas à leur souverain ses devoirs de roi et de père ;

Et les précepteurs et amis de la famille royale, Bossuet, Fénélon et Fleury ;

Les lettres furent illustrées par Boileau, Bourdaloue, Corneille, La Bruyère, La Fontaine, Mallebranche, Molière, Racine, Pascal et autres ;

La peinture par Lebrun, Lesueur, Le Poussin et Mignard ;

La sculpture par Girardon et Pujet ;

L'architecture par Le Nôtre, Mansard et Cl. Perrault.

Toutes les œuvres de ces grands hommes

nous sont restées, et nous devons en être fiers, parce qu'aucun pays ne peut offrir une galerie d'hommes aussi éminents et des chefs-d'œuvres d'aussi grande valeur.

On doit à Louis-le-Grand l'Hôtel des Invalides, l'Observatoire, le Val-de-Grâce, la façade du Louvre, l'achèvement de la machine de Marly, l'Ecole d'architecture, le Parc et le Château de Versailles. Il agrandit et embellit Paris, fit planter les boulevards intérieurs, construire plusieurs ponts et achever les Tuileries; on lui doit aussi la construction de plusieurs monuments religieux.

Par suite de guerres qui ne tournèrent pas toujours au profit des armes de Louis XIV, le trésor fut réduit à un état tel que lorsque Louis XV, arrière petit-fils de Louis XIV monta sur le trône, ce fut la première préoccupation du régent d'améliorer la situation des finances. Il ne fut pas heureux dans ses projets; son plan ruina bien plus encore le trésor et les particuliers. On constata bientôt un déficit de dix-sept cents millions.

Louis XIV mourut à Versailles, usé par l'âge, par les fatigues et surtout par les plaisirs, après avoir enterré ses deux fils, héritiers directs de son trône.

Ah! mes amis, depuis ce long règne de 72 ans

qui commença en 1643 et qui finit en 1715, combien de changements de gouvernements, que de trônes renversés, de sang répandu !...

Je vais vous énumérer tous ces changements et vous dire en peu de mots combien d'épreuves émouvantes notre belle France a eu à subir.

A la mort de Louis XIV, son arrière petit-fils, Louis XV, monta sur le trône et mourut en 1774. Louis XVI lui succéda et victime des fautes de ses prédécesseurs et de sa propre faiblesse, il mourut sur l'échafaud le 21 janvier 1793.

La révolution de 1789 est la plus grande époque de notre histoire, comme 1793 en est la plus triste page.

Louis XVII, fils du malheureux Louis XVI, mourut au Temple sans avoir régné.

La Convention nationale date du 21 septembre 1792.

La Terreur, époque horrible, règne sanguinaire, dura trop longtemps, elle finit le jour de la mort de Robespierre ; elle enregistra sur son livre de sang des victimes innombrables.

Le Directoire exécutif fut institué le 8 juin 1795.

Le Consulat date du 13 décembre 1799 au 2 décembre 1804.

Napoléon fut proclamé empereur le 2 décembre 1804, et abdiqua en 1814.

Après son abdication Napoléon se retira à l'île d'Elbe. Bientôt fatigué de cette vie d'exil, il saisit un moment favorable et le 26 février 1815 il quitta brusquement son île, débarqua en Provence sur la plage de Cannes, le 1er mars, et sept jours après Grenoble lui ouvrait ses portes et le recevait en triomphe. Louis XVIII, effrayé de l'apparition du conquérant, prit la fuite..... Napoléon rentra aux Tuileries le 20 mars 1815 et régna de nouveau jusqu'au 8 juillet suivant. Cette époque s'appelle les *Cent-Jours*.

Toute l'Europe coalisée se leva contre Napoléon, et ce grand conquérant que nous avons suivi sur tous les champs de bataille de l'Europe alla mourir sur un rocher victime de sa trop grande confiance et de la trahison des Anglais.

Ce qui contribua à la gloire bien méritée de Napoléon 1er furent son génie d'abord, ses victoires ensuite, jugés par trois générations qui combattirent sous ses ordres lorsqu'il n'était encore que général en chef. Devenu consul, il étonna de nouveau le peuple français, et arrivé à l'époque où les destinées de la France avaient besoin d'un génie supérieur en toutes choses,

Napoléon se montra et la France entière l'acclama empereur des Français le 2 décembre 1804.

Moi, qui n'ai pas quitté Napoléon depuis 1797 jusqu'à Waterloo où je fus blessé, j'ai une si grande vénération pour la mémoire de ce grand homme, que j'ai vu tant de fois, et auquel j'ai parlé si souvent, que je le crois voir toujours, il est là, je le vois, je lui parle..... j'aurais voulu le suivre jusque dans son exil, mais je n'ai pu obtenir ce grand bonheur.

Inclinons-nous, mes amis, avec amour, avec admiration devant cette imposante figure; qu'au nom de *Napoléon-le-Grand*, si cher au peuple, nos cœurs battent d'un noble et d'un saint enthousiasme, car Napoléon Ier a légué plus de gloire à la nation française qu'Annibal, Alexandre et César n'en avaient légué aux peuples de l'antiquité.

Louis XVIII qui avait été proclamé roi en 1795, ne prit possession du trône que le 3 mai 1814;

De 1814 à 1824 Louis XVIII régna.

Son frère, Charles X, lui succéda et régna jusqu'en 1830, où, à la suite d'une révolution, il fut obligé de quitter la France.

Louis Philippe fut proclamé roi, régna 18 ans, et la Révolution de 1848 mit fin à ce règne, en proclamant la République.

L'Assemblée nationale nomma le général Cavaignac chef du pouvoir exécutif.

Le 10 décembre Louis-Napoléon Bonaparte fut nommé président de la République ;

Le 2 décembre le président dissout l'Assemblée législative et réunit entre ses mains tous les pouvoirs, qui lui furent, le 21 décembre, confirmés par 7,500,000 suffrages.

Le 7 novembre 1852, le Sénat rétablit l'empire et le déclara héréditaire dans la famille de Napoléon.

Le 2 décembre, Louis-Napoléon Bonaparte est proclamé Empereur des Français, sous le nom de Napoléon III.

———

Comme je vous l'ai dit, mes bons amis, la France a eu à traverser des moments bien difficiles.

J'ignore ce que Dieu me donnera encore de jours à vivre, je ne sais si je verrai s'accomplir toutes les grandes choses que certainement Napoléon III prépare, mais j'ai la conviction que dans sa haute sagesse et dans l'amour que notre Souverain a pour le progrès, le bonheur et l'honneur de la France, il y aura de grandes améliorations qui surgiront d'ici peu; des hommes sages, amis des libertés larges et utiles, s'associeront à l'Empereur, et alors la France, qui est le premier pays du monde, tiendra, par la liberté, le plus haut rang parmi les nations civilisées.

L'union fait la force. Cet adage mis en pratique devrait suffire pour rendre heureuse une nation ; mais en politique jamais, malheureusement, on ne pourra compter sur une union parfaite ; plus on dotera notre pays de libertés, plus il faudra en agrandir le cercle et même ne point y fixer de limites.

Ces hommes qui veulent la liberté sans limites, sont précisément ces mécontents qui font tout le mal de la situation, qui brouillent les affaires, qui insultent à la loi, à la justice, et qui outragent le Souverain, les femmes et les enfants.

Pour qu'une nation soit forte et respectée de ses voisins, il faut qu'elle se respecte elle-même et qu'elle oblige chaque citoyen à honorer le Chef de l'Etat, et à maintenir les institutions et toutes choses consacrées. Il ne faut pas fouler aux pieds l'œuvre du peuple, qui est l'œuvre de la Nation.

Il semblerait, d'après un système adopté de nos jours par quelques ambitieux malades, que la politique qu'ils professent est la seule bonne et la seule surtout à mettre en pratique.

Où irions-nous, mon Dieu, si de telles doctrines prévalaient sur la sagesse de notre Souverain et sur le bon sens de l'immense majorité des Français ? Nous serions refoulés à la malheureuse époque de 93 et nous perdrions tous les bienfaits de 89.

Discutons ce que nous croyons discutable, mais présentons nos observations avec des paroles loyales et surtout avec un langage qui prouve que notre éducation politique est en rapport avec les mœurs du pays, car la colère, les menaces, les insultes, les vociférations, les emportements violents sont antipathiques à l'immense majorité des Français, et le peuple, dans sa sagesse, sait apprécier les hommes et leurs œuvres.

Ce n'est pas par des passions brutales que le peuple se laisse égarer; un cri séditieux, lancé dans des réunions plus ou moins nombreuses de citoyens, procure aux chefs de partis quelques occasions calculées pour propager des protestations d'un mécontentement soi-disant général, mais le peuple est sage, clairvoyant en France, il a bientôt fait justice de ces quelques poignées d'hommes fiévreux qui, se coiffant du bonnet phrygien et se drapant du manteau de la République, montent sur les bornes des carrefours et s'écrient : « Regardez, nous sommes le symbole de la République, de ce gouvernement qui appelle aux fonctions les plus élevées, les plus considérables, l'homme du peuple, l'ouvrier, sans s'inquiéter de la capacité de chacun. »

Mais comment oser encore parler république? N'a-t-on pas essayé de l'élever sur un piédestal, et plusieurs fois le granit ne s'est-il pas effondré? Qui ne se rappelle qu'en 1848, alors qu'il fallait onze républicains pour former le Gouvernement provisoire, on n'en trouva que neuf.....

Ce que ces beaux parleurs cherchent à gagner, ce sont des mécontents comme eux, des hommes à demi égarés qui seront lancés dans les émeutes pendant que les meneurs s'esquiveront.

Mais le travailleur, l'ouvrier de la terre et du marteau, l'homme laborieux, le père de famille, le citoyen honnête, paisible et sans passions, passent près de ces hurleurs en se rendant au travail et protestent, contre toutes ces sottises, par un haussement d'épaules qui veut dire :
« Vous nous faites pitié! »

Malheureusement, dans la foule il y a toujours des badauds, des curieux, des oisifs, et ce sont ceux-là qui font tout le mal. Dans les émeutes, dans certaines réunions, on compte d'une manière approximative deux cent mille individus, tous protestant contre un fait dont la majeure partie ignore l'existence, et le reste, trois ou quatre, j'en admets encore vingt-cinq ou trente, est bien informé sur le cas de cette grande protestation qui s'évanouit bien vite et a pour résultat l'arrestation de quelques vrais coupables, parmi lesquels, malheureusement, sont englobées quelques innocentes victimes. L'emprisonnement de ces derniers est un motif calculé par les perturbateurs pour jeter sur la police un blâme dont les conséquences ont pour but de faire fouler aux pieds la justice et faire haïr le gouvernement.

Quelques journaux jouent, depuis quelque temps, un rôle qui apporterait sous peu la perturbation dans nos mœurs et dans notre tranquillité, si ce dévergondage devait durer encore longtemps; mais patience, une large liberté, établie sur des bases solides de progrès et de lumière, donnera satisfaction à la France, et l'on aura raison de ces mécontents qui cherchent, par tous les moyens, à égarer les esprits.

Ainsi, depuis le règne de Louis XIV, nous avons eu près de vingt changements de gouvernement; n'est-ce pas déplorable pour un pays si riche, si éclairé, un pays qui fait l'admiration de tous les peuples de la terre, par ses lois, par son développement des sciences, des arts et du commerce, par ses armées, par ses richesses territoriales, et aujourd'hui par le génie et la sagesse de son Souverain.

Arrêtons-nous donc à une dynastie dont le fondateur, Napoléon 1er, a tant de droits à notre reconnaissance, et admirons la force, la sagesse, la prudence de Napoléon III, en le remerciant de nous avoir rendu cette France impériale, qui se perpétuera dans la personne du Prince impérial pour notre bonheur et notre gloire à tous.

Evitons toutes ces catastrophes, ces révolutions qui ruinent la France, car c'est par centaines de millions qu'il faut compter, chaque fois qu'un trône tombe.

Je vous quitterai bientôt, mes enfants, je le sens, mais avant de mourir, il faut que vous me promettiez de suivre toujours mes conseils, qui ne peuvent que vous conduire au bien, aussi ne me laissez pas descendre dans la tombe sans me promettre tous que vous adoptez pour devise, sans jamais en départir :

Dieu — Patrie — Famille

et que vous travaillerez de tout votre pouvoir à combattre les factieux, ennemis de l'ordre, de Napoléon III et de sa dynastie.

———

Lorsque tous les habitants de la vallée connurent les dernières volontés de M. Lebon, ils s'empressèrent de se rendre chez lui pour l'assurer de leur profonde et éternelle reconnaissance en lui promettant que tous seraient fidèles à ses derniers vœux.

———

Quelques jours après ce long et solennel entretien, M. Lebon s'endormait dans l'éternité avec le calme que donne une conscience pure, une vie dont tous les instants furent marqués par une bonne action, et tous les habitants de la vallée furent témoins du courage et de la sérénité que montra, au moment suprême, cette grande âme de patriote, de soldat, de chrétien.

M. Lebon manifestait souvent le désir de faire imprimer une partie de ses lectures; mais disait-il, à quoi bon; après ma mort, quand on reconnaîtra tout le bien que ces entretiens ont pu produire dans notre vallée, peut-être un éditeur voudra-t-il s'associer à mon œuvre en imprimant un petit livre dont le prix sera accessible à tous..... L'éditeur s'est trouvé, voilà le livre.

Peut-être aussi, en présence du bien que je crois que ce petit livre ferait dans les campagnes, l'un des Membres de la Famille à laquelle j'ai voué tous les instants de ma vie voudra-t-il faire ce que j'aurais voulu pouvoir faire moi-même, doter nos campagnes de ce petit ouvrage qui portera partout, je l'espère, la paix du cœur, l'amour de la patrie, du Souverain et le respect aux fonctionnaires et aux institutions.

TABLE DES MATIÈRES

		Pages
I.	Le Berger du Val-d'Arol................	1
II.	Le régisseur de la ferme..............	3
III.	L'ami des animaux...................	5
IV.	Une famille heureuse.................	8
V.	Le soldat de la 137ᵉ brigade..........	10
VI.	Le capitaine Lebon rentre dans ses foyers...	12
VII.	Le capitaine Lebon dans la vallée........	14
VIII.	PREMIÈRE LECTURE. — Le curé........	19
IX.	DEUXIÈME — — L'instituteur.....	31
X.	TROISIÈME — — Une bonne école..	39
XI.	Une promenade......................	45
XII.	QUATRIÈME LECTURE. — Le maire.......	49
XIII.	CINQUIÈME — — Le garde champêtre...........................	59
XIV.	SIXIÈME LECTURE. — Le gendarme.......	63
XV.	SEPTIÈME — — Le sapeur-pompier...	75
XVI.	HUITIÈME — — La gymnastique et l'orphéon........................	92
XVII.	NEUVIÈME LECTURE. — De l'existence de Dieu............................	102
XVIII.	DIXIEME LECTURE. — La divinité du Christ d'après Napoléon Iᵉʳ................	113

XIX.	ONZIEME LECTURE. — Le pape.........	125
XX.	DOUZIÈME — — De la mendicité dans les communes....................	129
XXI.	TREIZIEME LECTURE. — Usure dans les campagnes....................	133
XXII.	QUATORZIEME LECTURE. — Le loyal laboureur.......................	
XXIII.	QUINZIEME LECTURE. — Entretien d'un ouvrier et d'un cultivateur sur les sociétés de secours mutuels................	136
XXIV.	Situation heureuse de la vallée..........	146
XXV.	SEIZIEME LECTURE. — Danger des démissions de biens	151
XXVI.	DIX SEPTIÈME LECTURE. — Utilité d'une comphtailité régulière pour le cultivateur.	157
XXVII.	DIX-HUITIEME ET DERNIÈRE LECTURE de M. Lebon. — Ses opinions politiques.	162

www.ingramcontent.com/pod-product-compliance
Lightning Source LLC
Chambersburg PA
CBHW060524090426
42735CB00011B/2364